MICK WALKER

ITALIENISCHE MOTORRAD KLASSIKER

**BAND 1
STRASSENMASCHINEN**

SCHRADER
MOTOR-ALBUM

Schrader-Motor-Album Band 9

Das Werk einschließlich aller seiner Teile
ist urheberrechtlich geschützt. Jede Verwertung
außerhalb der engen Grenzen des Urheberrechts-
gesetzes ist ohne Zustimmung des Verlages
unzulässig und strafbar. Das gilt insbesondere für Vervielfältigungen,
Übersetzungen, Mikroverfilmungen
und die Einspeicherung in elektronischen Systemen.

Erstmals veröffentlicht durch
Haynes Publishing Group, Sparkford nr. Yeovil,
Somerset, BA 22 7JJ, England, 1991.

Titel der Originalausgabe:
Mick Walker's Italian Classic Gallery — The Road Bikes
A Foulis Motor Cycling Book

Copyright der Originalausgabe:
Mick Walker 1991

Alle Rechte der vorliegenden Lizenzausgabe in
deutscher Übersetzung:
© Schrader Verlag GmbH
Hinter den Höfen 7,
D-3113 Suderburg-Hösseringen 1991

Übersetzung: Stephan Veil
Redaktion: Robin Read
Layout: Jill Moulton
Satz und Montage: RTS Uelzen
Druck: J. H. Haynes & Co. Ltd., Sparkford

Umschlagbild: Moto Guzzi Falcone 1953
Foto: Stefan Knittel

Printed in England

ISBN 3-922617-84-0

INHALTSVERZEICHNIS

Vorwort	4	CM	49
Die italienische Motorradindustrie	5	Demm	50
Die Anfangszeit	6	Ducati	51
Der Zweite Weltkrieg	6	Fantic	65
Der Neubeginn nach dem Krieg	6	Garelli	66
1946	6	Gilera	71
1947	7	Guazzoni	87
1948	7	Motorräder in Farbe	89
1949	7	IMN	105
1950	7	ISO	105
1951	8	Italemmezeta	107
1952	8	Italjet	107
1953	8	Itom	110
1954	9	Lambretta	111
1955	9	Laverda	113
1956	9	Magni	127
1957	10	Malaguti	128
1958	10	Maserati	129
1959	10	MM	129
Die sechziger Jahre	11	Mondial	130
Die siebziger Jahre	11	Morini	135
Die achtziger Jahre	11	Moto Aspes	147
Die Maschinen und ihre Hersteller	12	Motobi	149
Aermacchi	14	Moto Comet	151
Aero Caproni	17	Moto Gori	151
Ancilotti	18	Moto Guzzi	153
Benelli	18	Motom	168
Beta	32	Moto Sterzi	170
Bianchi	33	MV Agusta	170
Bimota	35	Parilla	178
Cagiva	43	Rumi	183
Capriolo	46	Sertum	186
Ceccato	48	Taurus	187
Cimatti	48	Testi	187

VORWORT

Seit mehr als drei Jahrzehnten ist Mick Walker im Motorradsport aktiv. Er fuhr Rennen und Trials, verfaßte Testberichte und Reportagen, absolvierte Langstrecken-Wettbewerbe, tunte Maschinen für den Hausgebrauch und im Kundenauftrag. Nicht nur das: Auch als Leiter eines Servicebetriebes und als Importeur für eine große Zahl prominenter Marken, die er nach England holte, ist er im Umgang mit italienischen Motorrad-Klassikern vertraut genug, um als Autor dieses Buches ausreichende Kompetenz zu besitzen. Die Auswahl seiner Fotos und die technischen wie geschichtlichen Kommentare lassen dann auch erkennen, daß wir es mit einem Experten zu tun haben.

Die meisten Aufnahmen entstammen seinem Privatarchiv, doch fanden auch Bilder anderer Motorradfreunde Verwendung, denen hiermit gedankt sei: Placido Gullotta (Aprilia), Norm Westermann und Guido Rinalli (Benelli), Luigi Giacometti (Cagiva), Nadia Pavigniani und Franco Valentini (Ducati), Guido Maraglia (Gilera), Tim Parker und Tim Isles (Laverda), Peter Glover (Morini), Gemma Pedretta (Moto Guzzi), Signora Ostini, David Kay und Arturo Magni (MV Agusta), Ray Pearce (Rumi), Douglas Jackson (The World's Motocycle News Agency), Conte Corrado Agusta, Gerolamo Bettoni, Maurice Cann, Brian Clark, Ken Kavanagh, Alan Kirk, Alfio Morone, Fabio Taglioni, Tarquinio Provini, Ron Titenor, Philip Tooth und Steve Wynne.

Die Fülle des Stoffes machte es erforderlich, ihn auf zwei Bände aufzuteilen. So erscheint neben diesem über italienische Straßenmaschinen ein zweiter, der die Rennmotorräder zum Inhalt hat und eine Ergänzung zu diesem Buch darstellt.

Es ist mir eine besondere Freude, daß mit der Unterstützung Stephan Veils eine deutsche Version dieser beiden Bücher über italienische Motorrad-Klassiker erscheinen kann. Die meisten Maschinen, die südlich der Alpen beheimatet sind, erfreuen sich gerade bei uns einer besonders hohen Wertschätzung, und durch Mick Walkers objektive Berichterstattung ist die Gewähr gegeben, daß — bei aller Begeisterung — nicht Euphorie allein den Inhalt dieser Bücher bestimmt, sondern journalistische Sachlichkeit, wie sich dies bei einem Buch zum Thema Motorrad von selbst verstehen sollte.

Mila Schrader

Die italienische Motorradindustrie

DIE ITALIENISCHE MOTORRADINDUSTRIE

Die Anfangszeit

Ein Name ragte in den Pionierzeiten des Motorrades in Italien besonders hervor — Eduardo Bianchi. Bianchi hatte bereits 1885 eine Fabrik für die Fertigung von chirurgischen Instrumenten und Fahrrädern gegründet. 1890 stellte er sein erstes Motorfahrzeug vor, ein dreirädriges Vehikel. Sieben Jahre später produzierte Bianchi sein erstes Motorzweirad und zugleich das erste »echte« Motorrad Italiens. Um die Jahrhundertwende fanden Bianchi-Motorräder bereits im ganzen Land guten Absatz.

Bianchis Erfolg rief auch andere Italiener auf den Plan, die sich selbst im Bau von Motorrädern versuchten (freilich in den Jahren vor dem Ersten Weltkrieg nur in geringer Zahl). Hierzu zählten 1909 Giuseppe Gilera, zwei Jahre später die Gebrüder Benelli sowie das Team von Carlo Guzzi und Giorgio Parodi, die 1920 Moto Guzzi ins Leben riefen. Erwähnenswert ist auch Adalberto Garelli, der 1913 seine erste Maschine auf die Räder stellte, ab 1919 eine Serienfertigung aufzog und sich danach vor allem auf Doppelkolben-Zweitakter spezialisierte; ferner Mantovani und Rovetta, die 1902 bzw. 1904 bereits wassergekühlte Motoren zeigten; Emanuele Roselli, wie Bianchi ein Pionier der Gründerzeit, der 1899 bis 1910 Motorräder produzierte; der Rossi-Konzern, dessen Chefingenieur 1929 einen 350-ccm-V-Twin in einem Leichtmetallrahmen vorstellte, schließlich die berühmte MM (Mazzetti, Mattei, Morini und Massi).

Gleichermaßen bekannt in der Motorradindustrie Italiens vor dem Zweiten Weltkrieg waren Agusta (nicht mit der MV Agusta der Nachkriegsjahre zu verwechseln), Baudo, Borgo, CM, Fingini, Frera, Galloni, GD, Giamasso, Junior, Ladetto, MAS, Olleario, Sertum, Simplex, Taurus und Vittoria.

Nach dem Ersten Weltkrieg, die gesamten zwanziger Jahre hindurch bis zum Börsenkrach an der Wall Street im Oktober 1929, stiegen die Absatzzahlen für Motorräder unaufhörlich und brachten eine Vielzahl neuer Marken mit sich. Manche überlebten die anschließenden Depressionsjahre, andere nicht. Ab etwa 1933 zogen die Verkaufszahlen abermals an und übertrafen sogar die der Zeit vor der Depression bis zum Beginn der Zweiten Weltkriegs, in den Italien im Juni 1940 eintrat.

Die Italiener, die zwar gute Maschinen bauten und eine Reihe begabter Konstrukteure vorzuweisen hatten, unternahmen jedoch in jenen Jahren keine ernsthaften Versuche, ihre Motorräder auch zu exportieren.

Der Zweite Weltkrieg

Benito Mussolini ließ nichts unversucht, sein Land in den Krieg hineinzuziehen, zumal er sich auf der Siegerseite wähnte. Freilich war von dieser Kriegsbegeisterung bei vielen seiner Landsleute wenig zu spüren. Dennoch stellten Benelli, Bianchi, Gilera, Moto Guzzi, Sertum und andere ihre Motorradfertigung während der Kriegszeit auf Militärmaschinen um.

Der Neubeginn nach dem Krieg

1945 herrschte in Italien wieder Frieden. Von den größeren Marken hatte nur Benelli im Werk Pesaro größere Zerstörungen zu beklagen. Ohne Zweifel vermochten die Italiener rascher als nahezu alle anderen kriegführenden Nationen in Europa wieder auf friedensmäßige Produktion umzustellen. Schon am 1. November 1945 konnte *The Motor Cycle* über einen Besuch »im Guzzi-Werk am See« berichten; einer der Hausjournalisten hatte die Gelegenheit zu einer Besichtigung der legendären Werke und schrieb von »einer der herausragendsten neuen Konstruktionen«. Hierzu zählte unter anderem ein 65-ccm-Versuchszweitakter mit Einlaßdrehschieber. Aufsehen erregte dieser Prototyp mit Hinterradfederung durch eine Nonstopfahrt über das berüchtigte Stilfser Joch mit seinem Anstieg auf 2756 m Höhe über 11 km Länge und 36 Haarnadelkurven!

Als erste Serien-Guzzi ging 1945 die Airone mit dem 250er ohv-Motor und dem bewährten Guzzi-Stahlrohr-Doppelschleifenrahmen in Produktion. Beliebt waren auch die von einem der bekannten 88 x 82-mm-Einzylinder angetriebenen Motocarri — Dreirad-Lastmobile, die vor allem im Kleingewerbe guten Absatz fanden.

In einem Land, das jahrelang auf Privatfahrzeuge hatte warten müssen, wurde in diesen hektischen ersten Friedensmonaten praktisch alles, was Räder hatte, den Verkäufern förmlich aus den Händen gerissen.

1946

Dieses Jahr stellt ohne Zweifel einen Markstein in der Entwicklung motorgetriebener Zweiräder in Italien dar. Es er-

DIE ITALIENISCHE MOTORRADINDUSTRIE

schienen in diesem Jahr nicht nur die ersten Leichtmoторräder Ducati Cucciolo und Garelli Mosquito, sondern auch die nachmalig legendären Roller, die Lambretta von Innocenti und die Vespa von Piaggio.

Auf dem Mailänder Salon im Dezember waren etliche Neukonstruktionen (und neue Hersteller) zu sehen, die sich ihre Nischen auf dem Markt suchten. Bemerkenswert war vor allem die Miller-Balsamo Jupiter mit 250-ccm-ohv-Aggregat, Geradweg-Hinterradfederung und vorderer Telegabel. Maschinen wie die Gilera, MM und Sertum, die auf Vorkriegskonstruktionen basierten, wirkten dagegen regelrecht antiquiert.

1947

Unter den zahlreichen interessanten Maschinen, die 1947 debütierten, fanden sich ein 250-ccm ohv-Einzylinder aus dem neu gegründeten Parilla-Konzern unter der Leitung von Giovanni Parrilla (man beachte die abweichende Schreibweise!), ein interessanter 150-ccm-Prototyp von Aspi mit liegendem Zweitakt-Twin und Kardanantrieb, die 125er MAS mit Kapselung von Zylinder und Zylinderkopf und Zwangsluftkühlung nach einer Konstruktion von Ing. Guidetti, sowie ein Prototyp von OMB mit einem 350-ccm-Motor mit origineller Ventilsteuerung über Nockenrad und Zugstangen. Die Firma MV Agusta, die bereits mit 98er und 125er Zweitaktern vertreten war, zeigte auf dem Mailänder Salon zwei Neukonstruktionen: einen 250er Einzylinder mit hängenden Ventilen und betont britischer Optik sowie den Prototyp eines 125er Zweitakt-Paralleltwin.

Neben seinem Bestseller, der 65er Motoleggera, hielt Moto Guzzi eisern an ohv-Einzylindern fest, während Gilera, Sertum, MM und andere auf ihre großvolumigen, altmodischen »Dampfhämmer« setzten — immerhin stand bei Sertum aber bereits ein interessanter seitengesteuerter Paralleltwin bereit.

Lediglich Vespa und Benelli waren auf dem Salon 1947 nicht vertreten. Bei Vespa waren die Auftragsbücher bereits dermaßen voll, daß man mit der Fertigung nicht mehr nachkam, während Benelli infolge der Kriegsschäden die Produktion immer noch nicht wieder aufgenommen hatte.

1948

In diesem Jahr lief die Produktion bei sämtlichen italienischen Herstellern auf Hochtouren, um die anscheinend endlose Nachfrage decken zu können. Unter den neuen Prototypen fielen die Gilera 125 mit stehenden Ventilen und Blockbauweise sowie der erste Parilla-Zweitakter auf, ein 250er von Ing. Salmaggi. Merkwürdig mutet im Rückblick auch an, daß die renommierte Firma Bianchi nunmehr vorwiegend auf Fahrräder setzte und nur noch zwei Motorräder (beides kleine Zweitakter) im Programm hatte.

Erwähnenswert auch, daß 95 Prozent aller Motorradzulassungen mit Ausnahme der 50-ccm-Maschinen auf nur vier Hersteller entfielen: Guzzi, Gilera, Sertum und Parilla. Die größten Verkaufsschlager in der Gesamtstatistik waren natürlich die Roller von Lambretta und Vespa, während Guzzi mit dem 65-ccm-Zweitakt-Bestseller immerhin auf den dritten Rang kam.

1949

Auf dem Pariser Salon im Oktober präsentierte Sertum endlich seinen langerwarteten seitengesteuerten 500-ccm-Paralleltwin. Die Rettung, die Fausto Albertis Mailänder Werk benötigte, brachte dies freilich nicht. Zwei Jahre später mußte das Unternehmen schließen.

Eine wichtigere Rolle spielten einige andere Neuheiten, z.B. die 48 ccm Motom mit hängenden Ventilen und neuartiger Rahmenkonstruktion, die endlich wieder eigene Modelle präsentierende Marke Benelli, ein größerer 75-ccm-Zweitakter von Guzzi und eine 98-ccm-Maschine von Parilla. Gegen Jahresende zeigte Guzzi die Astore, der erste 500er Einzylinder aus Mandello mit voll gekapseltem Ventiltrieb. Gilera präsentierte zeitgleich ein neues 125er ohv-Triebwerk in Blockbauweise, das im Gegensatz zum älteren Seitenventiler der Marke auch das Serienstadium erreichte.

1950

Drei von fünf in diesem Jahr in Italien zugelassenen Motorrädern waren Moto Guzzis. MV Agusta hatte zwar eine Vierzylinder-Straßenmaschine mit 500 ccm als Prototyp vorzuweisen (die freilich nie in Serie ging), doch die einzige Neukonstruktion Italiens in diesem Jahr war die 160er Galletto, die sich am ehesten als Versuch eines Kompromisses zwischen den erfolgreichen Rollern von Lambretta und Vespa und dem herkömmlichen Motorrad charakterisieren läßt.

Diese im Jahr zuvor konzipierte Novität lief mittlerweile bereits in etwa 500 Exemplaren pro Monat vom Band und vermochte zumindest anfangs erheblich zum Gesamtausstoß von etwa 3000 Guzzi-Maschinen pro Monat beizutragen.

Lambretta und Vespa stellten weiterhin Roller in astronomischen Stückzahlen her, die zur allseitigen Verblüffung auf dem anscheinend unersättlichen italienischen Markt problemlos abgesetzt wurden. Auch einige etablierte Motorradhersteller wie MV Agusta und Iso stiegen daraufhin ins Rollergeschäft ein.

Lambretta entwickelte unterdessen ernsthafte Exportambitionen, in der italienischen Auto- und Motorradindustrie je-

DIE ITALIENISCHE MOTORRADINDUSTRIE

ner Jahre eine Ausnahme. Bald gingen 30 Prozent des Ausstoßes ins Ausland, wobei die in Deutschland von NSU in Lizenz produzierten Lambretta-Derivate hinzukamen.
Neu in der Motorradszene waren in diesem Jahr Aermacchi, Motobi und auch Ducati, ein Unternehmen, das jetzt endlich eine komplette Maschine und nicht nur Motoren vorzuweisen hatte.

1951

1950 war schon ein gutes Jahr gewesen, doch 1951 wurde noch besser. Mit 1 112 500 Neuzulassungen lag man um 400 000 besser als im Vorjahr. In allen Hubraumklassen waren deutliche Zuwachsraten zu verzeichnen. Am stärksten legten die Leichtmotorräder und Roller zu, die 1951 auf 570 000 Stück kamen (1950 noch 306 900). Ähnlich beeindruckend war der Aufschwung bei Motorfahrrädern, die 1951 auf 325 000 Stück kamen (1950 waren es 188 300) und bei Lastendreirädern (1951 immerhin 21 000, 1950 noch 11 200 Stück). Bei schwereren Motorrädern und Gespannen betrug der Zuwachs 165 000 gegenüber 1950 gut 5000 Exemplare.
Benelli mischte jetzt wieder voll mit. Als besonderer Knüller erwiesen sich die beiden neuen 125er, ein Viertakter und ein Zweitakter.

1952

Das neue Jahr begann mit dem Mailänder Salon (der Ende 1951 vertagt worden war) im Januar gleich mit vollem Schwung. Eine Flotte neuer Modelle erblickte hier das Licht der Welt. Viel Publicity konnte der Cruiser verbuchen, ein nagelneuer 175-ccm-ohv-Roller von Ducati. Er bestach durch allerlei technische Leckerbissen wie Anlasser und Wandlergetriebe, erwies sich im Verkauf dennoch als Flop. Ferner waren ein 350er Paralleltwin von Parilla zu sehen, ein Mondial-Roller (auch dieser mit Anlasser) sowie ein 250-ccm-Twin mit hängenden Ventilen aus dem Hause Benelli. Viel Beachtung fand auch die neue D-Reihe der Lambretta-Roller, die bereits im Dezember 1951 debütiert hatte.
Am 29. November 1952 zeigte die zweite Ausstellung des Jahres — es war der 30. Salon — der Öffentlichkeit immerhin gut 500 Exponate. Beobachtern mußte der Trend zur 150er und 200er Klasse auffallen: Nahezu jeder Hersteller hatte mindestens ein Modell in dieser Klasse zu bieten, und statt der ehemals dominierenden Zweitakter waren sie fast alle ohv- und sogar ohc-Konstruktionen.
Zu den faszinierendsten Modellen zählte die 175 ccm Comet. Sie war von Ing. Drusiani (dem Schöpfer der Doppelnockenwellen-FB Mondial, die dreimal die 125er Weltmeisterschaft errungen hatte) geschaffen worden und und wies einen kettengetriebenen Twin mit obenliegender Nockenwelle auf. Auch MV Agusta stieg in diesem Jahr mit einem ohc-Modell in die 175er Klasse ein. Daneben zeigten Mondial, Parilla und Morini neue 175er und 200er Maschinen. Unterhalb dieser Kategorie war die 98-ccm-Ducati mit neuem Stoßstangenmotor angesiedelt.

1953

Die Zahlen auf dem *Paviglione della meccanica* (Pavillon der Technik), wo der 31. Mailänder Salon am 28. November 1953 seine Tore öffnete, verrieten einen ungebrochenen Aufwärtstrend der Motorradindustrie Italiens. Die Produktionszahlen der ersten zehn Monate des Jahres konnten sich sehen lassen: 257 960 Leichtmotorräder bis 125 ccm und Roller, 52 770 schwerere Motorräder und Gespanne (letztere wurden getrennt gewertet), 112 360 Motorfahrräder, 6150 Lastendreiräder sowie 7920 leichte Dreiradfahrzeuge. Insgesamt wurde bis Ende Dezember 1953 die stolze Zahl von 1 811 750 motorgetriebenen Zwei- und Dreirädern zugelassen (Ende 1952 waren es 1 318 500 gewesen). Dies entsprach einem Anstieg um fast eine halbe Million (genau: 493 250) innerhalb eines Jahres.
Auf dem Salon gab es interessante Neukonstruktionen in Hülle und Fülle zu bestaunen, zum Beispiel den neuen 305-ccm-Twin von Gilera, die 150er Capriolo mit Zweizylinder-Boxermotor, die 148 ccm SIM Ariete mit Zweitaktmotor und einem Kardanantrieb, der im Gelenkarm der Hinterradfederung gekapselt lief, ferner die 75er Ceccato mit zahnradgetriebener obenliegender Nockenwelle, ein 175-ccm-Paralleltwin von Ferrari (hat nichts mit dem Automobilhersteller in Maranello zu tun) sowie eine 200er Version des liegenden Zweitakt-Twin von Rumi.

1954

In diesem Jahr unterzeichnete Mi-Val ein Abkommen für den Lizenzbau des Messerschmitt Kabinenrollers. Viele Hersteller boten jetzt Neues in der 50-ccm-Klasse, u.a. Lambretta, FB Mondial (Mondialino), Parilla (Parillino), Itom, Guazzoni und Alpino.
Ducati präsentierte derweil seine 55, ein Moped-ähnliches Kleinkraftrad mit aufgewertetem Cucciolo-Motor.
Bei MV Agusta hielt man die neue 125er Turismo Rapido, einen ohv-Einzylinder, bis zum Mailänder Salon Ende des Jahres zurück. Auf diesem Salon debütierten außerdem Bianchi mit einer 175er ohc-Einzylinder, aus der die Tonale werden sollte, Maserati mit einer 250er Einzylindermaschine mit hängenden Ventilen, Gilera mit einer Sportversion des 150er Einzylinders mit parallel hängenden Ventilen, sowie etliche Leichtmotorräder mit Konfektionsmotoren aus deutscher Fertigung, speziell NSU, Sachs und Ilo. Ein typischer Vertreter dieser Gattung war die 48-ccm-Vittoria Solitude von NSU.

DIE ITALIENISCHE MOTORRADINDUSTRIE

1955

Als ob man die fehlenden Knüller auf dem Salon des Vorjahres wettzumachen suchte, kamen schon Anfang 1955 gleich mehrere aufsehenerregende Neuheiten auf den Markt. Zu nennen wären hier die 98 TS Motom, ein 160-ccm-Modell von Berneg mit zwei obenliegenden Nockenwellen, ein ebensolcher dohc in der 175er von Parilla, der im Rennen Milano-Taranto lief, und ein neuer 49-ccm-Motor für die Garelli Mosquito mit Centrimatic-Kupplung.

In diesem Jahr hatten die Techniker Italiens auch die weltweit erste Motorrad-Scheibenbremse an einer Serienmaschine (Maserati) und das erste dohc-Moped der Welt (Sterzi) zu bieten. In den Verkaufsstatistiken schlug sich dies freilich nicht nieder, denn Lambretta, Moto Guzzi und Vespa teilten sich nach wie vor 50 Prozent des Leichtmotorrad- und Rollermarktes in der Klasse von 51 bis 125 ccm, obwohl ihre Maschinen schon seit geraumer Zeit praktisch unverändert vom Band liefen.

Mit dem Einzug der Sportklassenrennen in Italien (Formel 2 und Formel 3) traten auch verschiedene Semi-Rennmaschinen auf den Plan, unter anderem von Ducati, Bianchi, Motobi, Ceccato, Mondial, MV Agusta, BM, Morini und Beta. Oft handelte es sich dabei um Kleinstserien reinrassiger Werksrennmaschinen, die nur ein Minimum an Anbauteilen erhielten, um dem Reglement zu genügen. Obendrein war ihr Preis gepfeffert, so daß nur eine kleine Käuferschar in den Genuß dieser Geschosse kam...

1956

Im Rückblick gilt das Jahr 1956 als das erste Spitzenjahr der italienischen Nachkriegs-Motorradindustrie, auf das eine Phase einer gewissen Rezession folgte — freilich nicht zu vergleichen mit dem gleichzeitig einsetzenden Einbruch auf dem Motorradmarkt in Deutschland. Erstmals überschritt in diesem Jahr auch die Zahl der Zweiräder auf Italiens Straßen die Drei-Millionen-Grenze.

Absatz-Spitzenreiter in den ersten acht Monaten des Jahres war Vespa mit 67 487 Motorrollern, das entsprach 22 Prozent des Gesamtmarktes. Dahinter rangierten Lambretta mit 44 814 Rollern (14,5 Prozent), Moto Guzzi mit 29 359 Motorrädern, Garelli mit 15 426 Mopeds, Motom mit 13 442 Motorrädern, Gilera mit 12 046 Motorrädern und Ducati mit 10 767 Motorrädern. Diese Zahlen sind allein schon deshalb aufschlußreich, weil sie nachhaltig die These widerlegen, Graf Agusta habe mehr zum Zeitvertreib ein paar Straßenmaschinen bauen lassen. Immerhin rangierte MV Agusta unter den reinen Motorradherstellern, die nicht gleichzeitig auch Roller oder Mopeds produzierten, auf dem zweiten Platz.

Ende 1956 war jedoch auch in Italien eine deutliche Flaute auf dem Motorradmarkt spürbar geworden. Dessenungeachtet zeigte der Mailänder Salon abermals eine Fülle neuer Modelle. Zwei Maschinen stachen hier besonders hervor: die Aermacchi Chimera und die IMN Rocket. Letztere wurde von einem 175-ccm-Boxermotor mit Stößelstangen angetrieben. Die Presse war begeistert, die Käufer jedoch weniger. Prompt wich die üppige Motorverblechung, die dem Motorrad sein futuristisches, aufsehenerregendes Äußeres beschert hatte, bald einer »nackteren« Variante.

Die Chimera ging in ihren verschiedenen Varianten als das Modell in die Historie ein, das Aermacchi zum Durchbruch verhalf — nicht nur auf der Straße, sondern auch auf Rennstrecken — und in verschiedenen Hubräumen von 175 bis 350 ccm im Programm blieb.

Die IMN Rocket wirkte mit ihrem ohv-Zweizylinder-Boxermotor und dem Kardanantrieb fast wie eine Mini-BMW. Noch andere interessante — und weit erfolgreichere — Motorräder des Mailänder Salons 1956 sollen hier erwähnt werden, z.B. der Prototyp der Einzylinder Ducati Sport mit 175-ccm-ohc-Motor. Dieses Modell sollte zum Urvater einer ganzen Generation von Einzylindern mit Königswellen-ohc-Ventiltrieb von 98 bis 436 ccm werden, die in den nächsten 20 Jahren aus Bologna kamen. Neu war auch die erste 125er Capriolo mit ihrem Stirnnockenwellenantrieb. Anfang des Jahres hatte Moto Guzzi auch sein wichtiges Modell Lodola herausgebracht.

1957

Im Zeichen sinkender Absatzzahlen herrschte allerorten in den Vorstandsetagen der italienischen Motorradindustrie gedrückte Stimmung. Die Folgen werden vor allem am Rückzug auf breiter Front deutlich, den Gilera, FB Mondial und Moto Guzzi Ende des Jahres aus dem Grand-Prix-Geschäft antraten. Hohe Erwartungen setzte man nun in die steigende Nachfrage nach Kleinkrafträdern und Mopeds.

In Mailand debütierte derweil der bis dato größte Lambretta-Roller, der TV 175. MV Agusta durfte für sich den Triumph der wagemutigsten Neuerung mit Benzineinspritzung an einem der 250er Raid-Modelle in Anspruch nehmen. Bianchi wartete mit der neuen Bernina auf, einem Leichtmotorrad mit 125-ccm-Stoßstangenmotor. Aufsehen unter den Newcomern erregten auch der neue 150er Roller von Iso, die aufwendig verkleidete Parilla Slughi und Benellis neuer 175-ccm-Einzylinder mit ohv-Motor in Touren- und Sportversion.

Eine stilistische Novität stellten die Doppelauspuffanlagen dar, die übereinander angeordnet waren und an ein gemeinsames Auspuffrohr anschlossen. So etwas war unter anderem bei Gilera und Ducati zu finden.

DIE ITALIENISCHE MOTORRADINDUSTRIE

1958

Zeichen der Zeit: Der Mailänder Salon fiel dieses Jahr aus. Übrigens findet er seitdem nur noch alle zwei Jahre statt. Piaggio und Innocenti senkten ihre Preise, um ihre Verkaufszahlen wieder hochzutreiben. Das eigentliche Problem lag jedoch am phänomenalen Erfolg von Kleinwagen, wie sie Fiat mit dem 500 anbot.

Dennoch machten die Hersteller gute Miene zum bösen Spiel und ließen es nicht an neuen Modellen fehlen: Ducati brachte die 200er Elite, Gilera die 175er Sport, MV Agusta ein 83-ccm-Sportmodell, Parilla eine 125er im Off-Road-Look und Motobi eine 175er für Sportmaschinenrennen, die über 145 km/h lief.

1959

Sicherlich nicht zuletzt als hilfreiche Geste gegenüber der schwer bedrängten Industrie verabschiedete die italienische Regierung neue Straßenverkehrsgesetze. Danach durften 50-ccm-Maschinen mit nicht mehr als 16 kg Motorgewicht und 1,5 PS Leistung steuer- und führerscheinfrei bewegt werden — allerdings nur als Solomaschinen. Auch Roller und Kleinkrafträder fielen unter diese Bestimmung. Eine weitere neue Verordnung besagte, daß Motorräder bis 100 ccm als Fahrzeuge »zur Personenbeförderung« galten und weder in der Endgeschwindigkeit noch in der Straßenbenutzung Beschränkungen unterlagen (50-ccm-Modelle innerhalb der obigen Grenzen durften nur auf Nebenstraßen und Radfahrwegen gefahren werden).

Angesichts dieser Lockerungen blieb die Wiederbelebung des Zweiradmarktes nicht aus — zumindest in dessen unterem Sektor. Ende 1959 liefen über 3,5 Millionen Zweiräder auf den Straßen Italiens, und zwar 2 519 500 Motorräder und Roller sowie 1 029 500 Mopeds.

Gilera beging sein 50jähriges Firmenjubiläum mit diversen Sondermodellen, wie sie die neue 124 Extra darstellte, die auf dem Mailänder Salon gezeigt wurde. Kleinstroller standen als Reaktion auf die neuen Straßenverkehrsgesetze nun bei etlichen Firmen im Programm, so bei Bianchi, Iso, Capri (Garelli), Motobi und Laverda.

Auch das Angebot an kleineren Motorrädern weitete sich zusehends aus. Unter ihnen trat vor allem die nagelneue Stornello 125 von Moto Guzzi mit ihrem nach vorn geneigten Zylinder und dem Stoßstangen-Ventiltrieb hervor.

Damit war das wichtigste Jahrzehnt in der Motorradindustrie Italiens zu Ende. Es hatte mit himmelhoch aufstrebenden Ambitionen begonnen, doch am Ende fand man sich auf dem Boden — mit unsicheren Zukunftsperspektiven — wieder. Diese zehn Jahre dürfen jedoch als ein goldenes Jahrzehnt gelten, in welchem die Motorradproduktion Italiens besonders fortschrittliche Konstruktionen hervorbrachte.

Die sechziger Jahre

Die sechziger Jahre standen im Zeichen gravierender Umwälzungen in der Motorradindustrie. Viele etablierte Hersteller verschwanden oder stellten sich auf neue Produktionszweige um. Am Ende des Jahrzehnts erschienen dafür etliche neue Unternehmen, die bereit waren, sich maßgeblich am Wiederaufschwung der italienischen Industrie zu beteiligen.

Das Aus kam unter anderem für Rumi (1962), MM (1964), Capriolo (1965), Bianchi (1966), Mival (1966), Parilla (1967) und Motom (1968). Auch echte Giganten wie Gilera und Moto Guzzi saßen finanziell auf dem Trockenen und fanden sich bald in Auffanggesellschaften wieder.

Die neuen Marken waren Aprilia (1960), Italjet (1965), Moto Aspes (1967), Fantic (1968), Villa (1968) und Moto Gori (1969). Zu den bemerkenswertesten Maschinen der sechziger Jahre sind die 250er Ducati in ihren vielerlei Varianten zu zählen, so die Mach 1 (1964) und Mark 3D Desmo (1968); die Moto Guzzi V7 (1965), die MV Agusta 600 (1965) und 750 S(1969), die Laverda 750 Twin (1967), die Benelli 650 Tornado (1969) und die Aermacchi 350 Sprint (165). Wie auf den folgenden Seiten noch zu sehen sein wird, existierte eine Fülle von Modellen — manche gelungen, andere mißraten — in Serienversion, daneben etliche interessante Konstruktionen, die nur als Prototyp liefen und heute völlig vergessen sind.

Als das Jahrzehnt zu Ende ging, schlug die Geburtsstunde der Superbikes, für die nicht zuletzt der gigantische Werberummel um den Serienanlauf der Honda CB750 Four im Jahre 1968 entscheidende Starthilfe geleistet hatte.

Die siebziger Jahre

Waren die sechziger Jahre noch von Rückschlägen für die Motorradindustrie Italiens geprägt gewesen, so stellten die siebziger Jahre ganz das Gegenteil dar. Nie wieder seit den »Goldenen Fünfzigern« hatte das motorisierte Zweirad eine solche Resonanz in der Öffentlichkeit gefunden.

Nicht, daß die italienischen Hersteller diesen Trend nicht genutzt hätten. Dieses Jahrzehnt brachte die vielleicht faszinierendsten Straßenmaschinen aller Zeiten. Benelli zeigte 750er und 900er Sechszylinder sowie Vierzylinder mit 250, 350, 400 und 500 ccm. Ducati und Moto Guzzi konterten mit eigenen V-Twins, ebenso Moto Morini. MV Agusta präsentierte eine ganze Serie von Vierzylindern mit zwei obenliegenden Nockenwellen. Nicht zu vergessen Laverda mit ihren großen Zwei- und Dreizylindern.

Müßte ich eine Hitparade der Spitzenmodelle aufstellen, so würde sie umfassen: die Benelli 250 Quattro und 750 Sei, die Ducati 350 Desmo und 750SS, die Moto Guzzi V-7 Sport und Le Mans Mark 1, die Moto Morini 3 1/2 Sport, die MV Agusta 750S und die Laverda 750 SFC. Natürlich ist dies eine nach rein persönlichen Kriterien getroffene Auswahl der Favoriten — erstellt mit der Qual der Wahl, die in den siebziger Jahren auch die Käufer italienischer Motorräder hatten.

DIE ITALIENISCHE MOTORRADINDUSTRIE

Die achtziger Jahre

Im zurückliegenden Jahrzehnt erblickten nur sehr wenige herausragende italienische Motorräder das Licht der Welt. Inzwischen war die neueste Generation der japanischen Superbikes über die Industrie hinweggefegt. In punkto Leistung hatten die Italiener offenkundig den Anschluß verpaßt.

Lediglich die Firma Ducati hatte sportbegeisterten Fahrern noch etwas zu bieten. Doch auch deren Modelle, wie die 750 FI, 750 Sport Nuevo, 900SS Nuevo, Paso 906 und 851 Superbike, waren zwar gut, aber eben nur V-Twins im Zeitalter der Mehrzylinder-Übermotorräder im Rennmaschinen-Look aus Japan.

Neben Ducati waren Erfolge (durchweg in den unteren Hubraumklassen) nur noch bei Newcomer Cagiva, dem unbeirrbaren Aprilia-Konzern und bei der wiedererstandenen Gilera zu vermelden. Die übrigen Firmen konnten anscheinend keine echte Konkurrenz mehr aufbieten.

Vielleicht wendet sich dieses Blatt im Verlauf der 90er Jahre wieder zugunsten der Italiener — oder aber auch sie müssen sich den Japanern endgültig beugen, wie vor ihnen schon die anderen Motorradnationen Europas: Deutschland, Frankreich, Großbritannien und Spanien.

Dies wird die Zukunft zeigen. Egal wie der Wettlauf ausgeht: Der Grund, warum die Motorräder Italiens länger als die meisten anderen überlebt haben, dürfte an ihrem Charisma liegen, das sich aus einem einzigartigen Design und technischer Finesse ergibt — und natürlich aus dem einen oder anderen Importhindernis.

Die Maschinen und ihre Hersteller

Aermacchi

Der einfache Stoßstangenmotor, der zum Wahrzeichen der Firma Aermacchi werden sollte: Im Bild eine 1963er Ala Rossa mit 175 ccm und vier Gängen. Dieser Motor wartete unter anderem mit Ölbadkupplung, Graugußzylinder, Naßsumpfschmierung und einem extrem schräg angestelltem Dell'Orto-Vergaser Typ UBF auf; die Maschine hatte Rechtsschaltung.

1959 mußte jedermann bei Aermacchi sich darüber im klaren sein, daß die futuristische Chimera sich nie in hohen Stückzahlen verkaufen lassen würde. Bianchi rettete die Situation immerhin mit einer Abspeckaktion, aus der zwei Bestseller-Sportmodelle hervorgingen: die 175er Ala Rossa und die 250er Ala Verde. Die größere Ala Verde (unten) blieb ein Jahrzehnt lang in Produktion und erfreut sich heute in Sammlerkreisen reger Nachfrage.

Der renommierte Flugzeughersteller Aeronautica Macchi (Aermacchi abgekürzt) nahm 1950 die Motorradproduktion auf. Die 175er Chimera (»Traum«) war das Werk Alfredo Bianchis, der Anfang 1956 Lino Tonti als Technischer Direktor abgelöst hatte. Das Styling der Maschine basierte auf einem Entwurf des bekannten Autodesigners Mario Revelli. Bei ihrem Debüt auf dem Mailänder Salon 1956 galt sie als unangefochtener Star und sorgte im In- und Ausland für Schlagzeilen, doch die Verkaufszahlen blieben mager.

Eine Ala Verde mit Sportverkleidung von Bill Jakeman vor den Ausstellungsräumen eines englischen Händlers Anfang der sechziger Jahre. Sie gehört zu den von William Webster importierten Maschinen. Webster hatte 1960 die Aermacchi-Vertretung übernommen und bis zu seinem frühen Tod im April 1963 beibehalten.

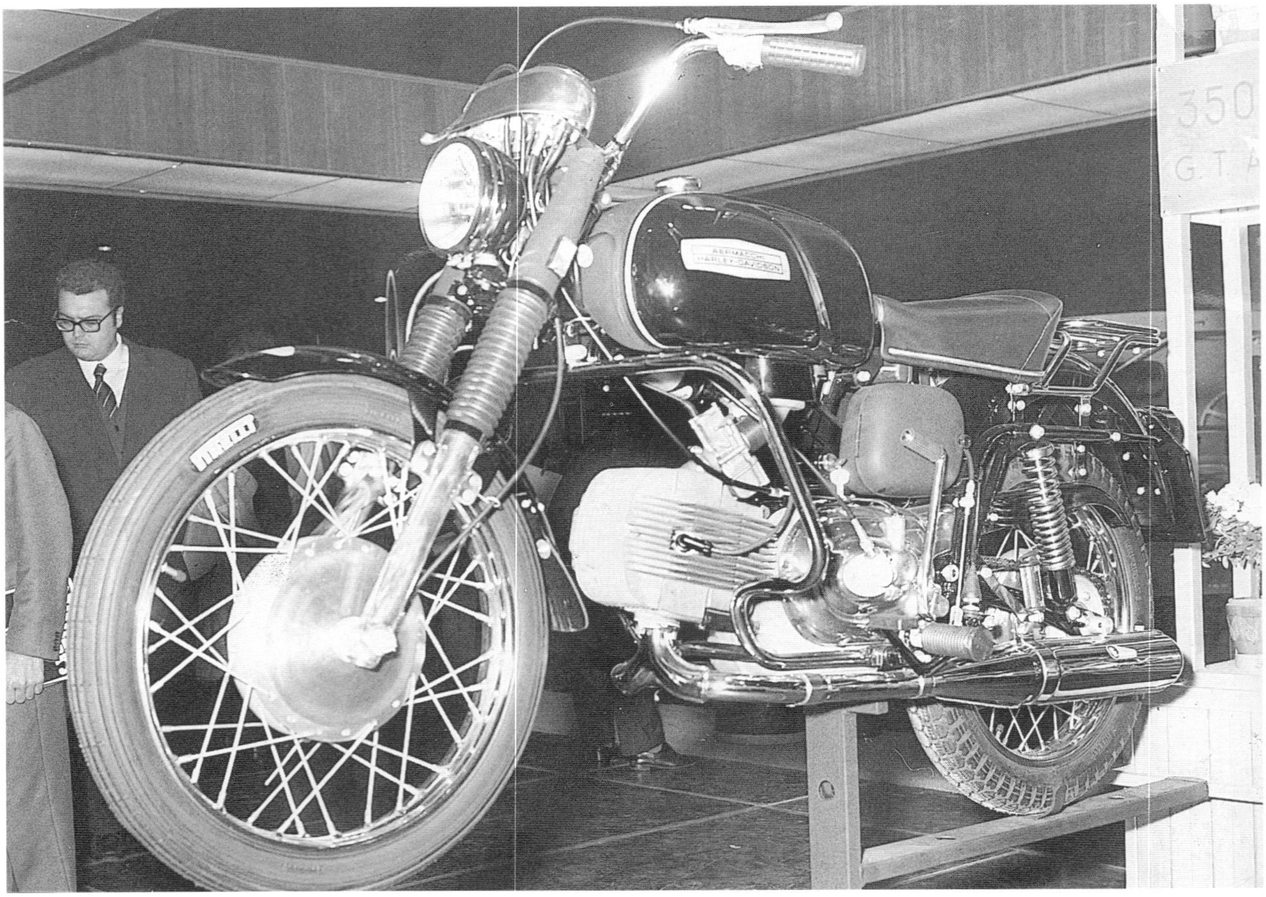

AERMACCHI

Ausstellungsstück: Das neue Tourenmodell GTS mit 344 ccm, das der Aermacchi/Harley-Davidson-Konzern auf dem Mailänder Salon im November 1969 zeigte. Es basierte auf dem amerikanischen Sprint-Modell und fiel durch Doppelauspuff und einen einteiligen Ventildeckel auf — beides bei Käufern keine sonderlich beliebten Details.

Eine SS 350 von 1974, die letzte Evolutionsstufe der Aermacchi HD mit liegendem Einzylindermotor. Aermacchi hatte seine Anteile am Vareser Konzern mittlerweile veräußert; bei Harley-Davidson gab der AMF-Konzern (American Machine and Foundry Corporation) den Ton an. Die SS 350 (und ein ähnliches Trialmodell SX), die im Jahr zuvor vorgestellt worden war, hob sich von ihren Vorgängern durch einen Doppelschleifen-Rohrrahmen, Anlasser und Linksschaltung ab.

AERO CAPRONI

Anfang der 70er Jahre wurde die Aermacchi unter dem Namen Harley-Davidson vertrieben. 1974 entstand der letzte der traditionellen liegenden Einzylinder, danach kamen nur noch Zweitakter aus Varese. Ein typischer Vertreter der AMF-Harley-Produktion in der zweiten Hälfte der 70er Jahre war dieser schlitzgesteuerte 123-ccm-Einzylinder (56×50 mm), der als SX (Trial) oder SS (Straßenversion) zu haben war. Das Bild zeigt den Motor der SS. Als Besonderheit bot er Pumpenschmierung, Leichtmetallzylinder mit hartverchromter Laufbahn, einen 27er Dell'Orto-VHB-Vergaser und ein Getriebe mit fünf Gängen. Im Sommer 1978 beschloß AMF die Stilllegung des Werkes Varese, wenig später wurde es von der Familie Castiglioni aufgekauft, die unter dem Namen Cagiva eine neue Motorradlegende schuf.

AeroCaproni

Unmittelbar nach den Zweiten Weltkrieg sah sich die Aero Caproni SpA gezwungen, vom Flugzeugbau auf bodenständigere Fahrzeuge umzusteigen. Als erstes Motorrad erschien dieses bizarre, sehr leicht gebaute 74-ccm-Modell (47×43 mm). Die Ventile wurden über eine Stirnnockenwelle betätigt — damals noch ungewöhnlich — und die Kurbelwelle lag in einer Flucht zum Rahmen, d.h. die Verbindung zum Primärantrieb mußte um 90 Grad umgelenkt werden. Alle Wellen des Motors liefen in Nadellagern. Unter dem Motor saßen die beiden Federkästen für die Hinterradfederung.

Ancillotti

Bei Ancillotti war man auf die Konstruktion von Off-Road-Maschinen für Motocross und Enduro spezialisiert. Das Bild zeigt eine Enduro des Jahrgangs 1974 mit 125-ccm-Sachs-Motor. Diese Maschinen bestachen durch ihr aggressives Styling und hervorragende Leistung, sie fanden jahrelang stetigen Absatz.

Benelli

Ein Teil der Benelli-Werke in Pesaro an der Adria. Das Unternehmen war 1911 von den sechs Gebrüdern Benelli gegründet worden, überstand die beiden Weltkriege, wurde 1972 von Alejandro de Tomaso übernommen und wechselte 1989 abermals den Besitzer. Jetzt ist Benelli ein Teil eines Maschinenbau-Unternehmens und nicht mehr Motorradschmiede.

BENELLI

Star des Mailänder Salons 1951 war zweifellos die Leonessa, der nagelneue 250er ohv-Paralleltwin von Benelli. Der Motor war sauber gezeichnet und wirkte eher wie ein Zweitakter und nicht wie ein Viertakter. Mit Einzelvergaser und kleinen Ventildurchmessern war die Maschine freilich als behäbiges Tourenmotorrad zu bezeichnen. Durch ihre Zuverlässigkeit und problemlose Straßenlage gewann die Leonessa dennoch zahlreiche zufriedene Käufer.

In der unmittelbaren Nachkriegszeit produzierte Benelli eine erfolgreiche Reihe von 125er Zwei- und Viertaktmodellen. Hier ist ein Viertaktmodell auf dem Mailänder Salon Anfang der 50er Jahre zu sehen. Die Standdekoration mit Perserteppichen darf wohl als ungewöhnlich bezeichnet werden. Beide Modelle liefen unter dem Namen Leoncino (»kleiner Löwe«). Eine der Zweitaktversionen errang einen aufsehenerregender Sieg unter Leo Tartarini (später Chef im Hause Italjet) beim Giro d'Italia 1953.

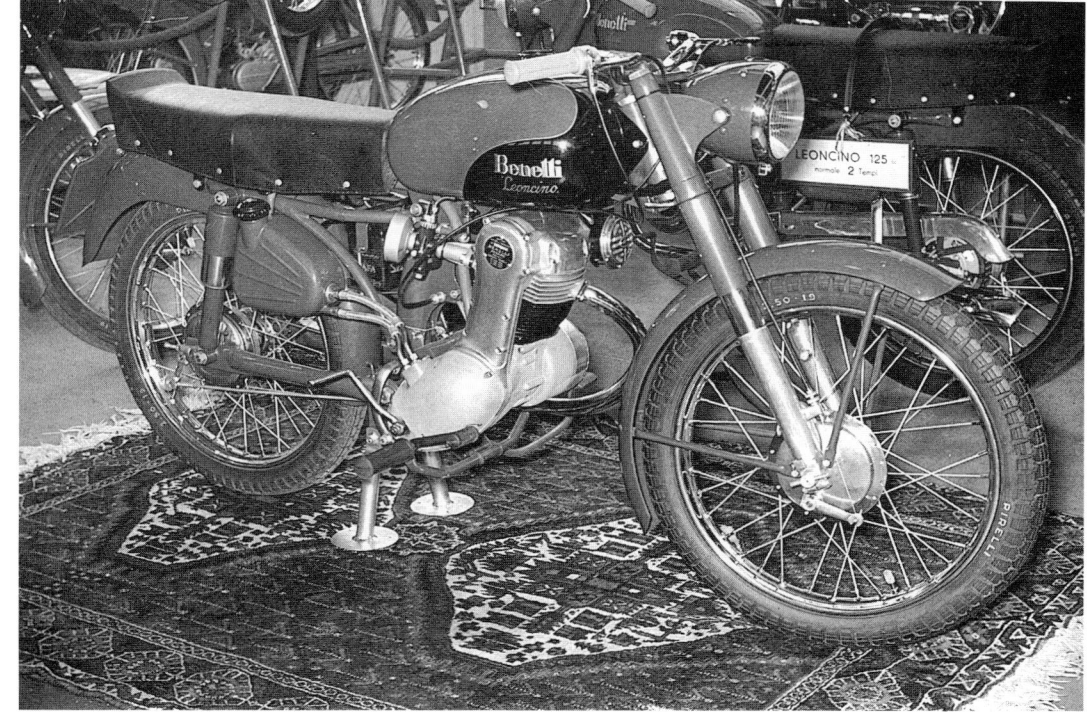

BENELLI

BENELLI

Rechts: Jahrelang verkörperte die 175 Sport den typischen Motorradbau Italiens jener Zeit. Bezeichnend war die niedrige, rennbetonte Linie mit obligatorischem Stummellenker, modelliertem Benzintank, rennmäßigen Schutzblechen, offenem Vergaser sowie Reibungslenkungsdämpfer und Doppelschalldämpfern. Ähnliche Modelle hätte man bei einem Dutzend anderer Hersteller finden können. Die abgebildete 175 Sport wurde um 1960 auf dem Werksgelände in Pesaro aufgenommen.

Rechts: Die zweite Generation der Benelli-Familie im Jahre 1961, dem Jahr des 50. Firmenjubiläums. Von links: Piero, Marco, Maurizio, Paolo und Luigi Benelli. Paolo war später Rennleiter der Firma; unter seiner Leitung holte Kel Carruthers 1969 den zweiten Weltmeisterschaftstitel für Benelli. Später, als das Werk an den argentinischen Industriellen de Tomaso verkauft worden war, stellte er die treibende Kraft hinter dem Engagement von Benelli Armi (der Waffenabteilung von Benelli) bei den Rennaktivitäten von Morbidelli und MBA (in Zusammenarbeit mit Giancarlo Morbidelli) dar.

Links: Die Fertigungsanlagen von Benelli im Oktober 1959. Hier läuft gerade die damals neue 175 Sport vom Band. Sie hatte einen 172-ccm-Einzylindermotor (62×57 mm) mit Stößelstangen und angeblocktem Vierganggetriebe. Mit normalem Lenker und Einzelrohrauspuff war sie auch als Turismo-Modell zu haben.

BENELLI

Der Benelli-Stand auf dem 44. Amsterdamer Motorradsalon vom 24. Februar bis 4. März 1961. Neben den Serien-Mopeds und -Motorrädern zeigte das Werk auch einen Go-Kart, ein paar 50-ccm-Zweitakt-Rennmaschinen und eine der berühmten 250er dohc-Einzylindermaschinen, wie sie Grassetti, Duke und Dale fuhren. Leider galten die Schlagzeilen bei dieser Show weder Benelli noch einem anderen italienischen Aussteller: Honda hatte sich als erfolgreichste Motorradmarke in Holland etabliert, ebenso waren Suzuki, Yamaha und Lilac zur Offensive auf den holländischen Markt angetreten.

Die nach US-Vorbild gestaltete Mojave. Als schwach getarnter Aufguß des bekannten obengesteuerten 175er Modells hatte sie einen neuen Rahmen und ein neues Fahrwerk nach dem Geschmack amerikanischer Käufer erhalten. Auf dem Foto Nardi Dei (Vertriebsleiter bei Benelli), Mimo Benelli (mit Hut) und Werksrennfahrer Renzo Pasolini (auf dem Motorrad) im Mai 1968. Dank seines Importeurs Cosmopolitan Motors zählte Benelli Ende der 60er, Anfang der 70er Jahre zu den meistverkauften italienischen Motorrädern in den USA.

BENELLI

Nachdem Motobi sich 1962 unter den Mantel von Benelli begeben hatte, brachte der Konzern etliche frühere Motobi-Konstruktionen heraus, alle an der gefälligen Kombination von ovalem Kurbelgehäuse und liegendem Zylinder erkennbar. Ein typischer Vertreter war die Benelli 125 Sport Special von 1970. An technischen Details sind der Stößelstangen-Ventiltrieb, eine Verdichtung von 9:1, fünf Gänge, eine Leistung von 10 PS bei 9000/min und ein Eigengewicht von 102 kg zu nennen. Die Höchstgeschwindigkeit wurde mit 130 km/h angegeben.

Ende der sechziger Jahre drängte Benelli verstärkt auf den amerikanischen Markt. Da das Benelli-Programm sich jedoch auf die unteren Hubraumklassen konzentrierte, tat man sich in den USA relativ schwer. Benelli erkannte rasch, daß ein besonderes Prestigemodell gefragt war, und so versuchte man sich am Bau eines schweren Motorrades für die Kunden, die seit jeher englische »Dampfhämmer« bevorzugten. Der erste Prototyp zeigte eine betont englische Linienführung und einen offensichtlich von Metisse inspirierten Rahmen. Dann aber besann man sich auf italienische Designer-Traditionen und brachte diese 650er hervor. Mit ihren bestechenden, klaren Linien war sie typisch italienisch. Der Doppelschleifen-Rohrrahmen mit kompaktem Zweizylinderblock entsprachen dem damaligen Trend. Die abgebildete Maschine gehört noch zur Vorserie von 1970.

BENELLI

Als der neue 650er Paralleltwin 1971 in Serie ging, hieß er Tornado. Das Kurbelgehäuse war wie bei japanischen Konstruktionen horizontal an den Kurbelwellen- und Getriebelagerstellen geteilt. Auch der extrem kurze Hub von 58 mm (die Bohrung betrug 84 mm!) folgte fernöstlichen Traditionen und ließ damit auf einen ausgesprochen drehfreudigen Motor schließen. Doch dieses 643-ccm-Triebwerk besaß einen Stößelstangen-Ventiltrieb und nicht etwa eine obenliegende Nockenwelle. Die weite Bohrung kam großen Ventildurchmessern (Einlaß 38 mm, Auslaß 35 mm) allerdings sehr entgegen. Die Höchstleistung betrug 58 PS bei 7400/min, das maximale Drehmoment war bei 3840/min erreicht. Erwähnenswert sind auch die Verdichtung von 9:1, die Doppelvergaseranlage mit zwei Dell'Ortos VHB 29, die 12-Volt-Anlage, die 15-Ah-Batterie und der elektrische Anlasser.

Die frühe Version (1973) des lange gebauten 231-ccm-Zweitakttwin von Benelli besaß Graugußzylinder, eine doppelseitige Grimeca-Trommelbremse am Vorderrad und eine 32-mm-Marzocchigabel. Später stellte man auf Leichtmetallzylinder, Brembo-Vorderradscheibenbremse und eine Spezialversion der Gasdruckstoßdämpfer um, wie sie auch bei den größeren Benelli- und Guzzi-Maschinen anzutreffen waren. Dieses Modell stand von Ende 1972 bis 1982 im Programm. Bis auf die obigen Änderungen blieb die 250 2C in ihren Grundzügen die gesamten zehn Jahre unverändert. Schwachpunkte wie die dürftige 6-Volt-Anlage und die altmodische Gemischschmierung fanden sich also bis zuletzt. Kein Wunder, daß dem Modell der Verkaufserfolg auf den wichtigen Exportmärkten weitgehend versagt blieb.

BENELLI

Oben: Der amerikanische Rennfahrer Gene Romeo (in weißem Dress) im Gespräch mit seinem Vater und einem Freund. Die Aufnahme entstand 1971 in Daytona, die Maschine ist ein Benelli 65 Minibike. Ein ähnliches Modell wurde von Harley-Davidson als SX65 Sportster angeboten. Mit Klapplenkern, winzigen 10''-Felgen, grobstolligem Profil und niedriger Sitzhöhe wurden die Harley und die Benelli rasch zu beliebten Boxenfahrzeugen in Rennfahrerkreisen.

Oben rechts: Die Einzylinder-Cross mit 121 ccm (56 x 49 mm) wurde parallel zum 250 2C-Twin entwickelt. Wie ihr größerer Bruder hatte auch sie mit 6-Volt-Anlage und Gemischschmierung zu kämpfen. Bei einer 125-ccm-Enduromaschine fielen derartige Schwachstellen aber nicht besonders ins Gewicht. Auf dem Bild sind die Metallklammern für die Verlegung des Kupplungsseilzugs, der Doppelrohrrahmen und die hochgezogene Auspuffanlage zu erkennen.

Rechts: Die Benelli Quattro von 1974. Ihr 498-ccm-Motor (56 x 50,6 mm) leistete 47 PS bei 9250/min; Verdichtung 10,2:1, vier Dell'Orto-Vergaser 22 mm, Fünfganggetriebe, 12-Volt-Elektrik, Elektro- und Kickstarter. Doppelschleifen-Stahlrohrrahmen, Vordergabel mit 35-mm-Marzocchi-Dämpfern, Sebac-Stoßdämpfer hinten. Simplex-Vorderradbremse 230 mm, doppelseitig. 18''-Reifen. Die Höchstgeschwindigkeit betrug 170 km/h.

BENELLI

Der Holländer Wil Hartog in voller Fahrt auf einer frühen Benelli 500 Quattro. Ihr Motor war zwar eine eindeutige Kopie der erfolgreichen Honda CB500, doch die Gesamtkonzeption zeigte unverkennbar südländische Züge. Schade, daß die riesige doppelseitige Grimeca-Trommelbremse am Vorderrad einer Brembo-Scheibenbremse weichen mußte. Im Vergleich zur attraktiveren 750 Sei (Sechszylinder) galt die Quattro stets als eine Art arme Verwandte. In der Praxis erwies sie sich jedoch als wesentlich ausgewogener — und als zuverlässiger obendrein. Die Höchstgeschwindigkeit lag mit etwa 170 km/h im Honda-Bereich, in bezug auf Straßenlage und Exklusivität aber behielt die Benelli die Nase vorn.

Wer hätte gedacht, daß Benelli und nicht etwa einer der japanischen Motorradgiganten das erste Serienmotorrad mit Sechszylindermotor herausbringen würde? Das Bild zeigt den Original-Prototyp von 1972 (kurz nachdem de Tomaso die kränkelnde Firma übernommen hatte). De Tomaso war dank seiner vielfältigen Aktivitäten im Autogeschäft — unter anderem durch Verbindungen mit Ford und dem Karosserieschneider Ghia — genau der richtige Mann, um den Japanern die Schau zu stehlen.

BENELLI

Der Antriebsblock der Benelli 750 Sei (Sechszylinder). Der Motor hatte 747,7 ccm (50 x 50,6 mm), eine obenliegende Nockenwelle mit Kettenantrieb, 71 PS bei 8500/min, eine Verdichtung von 9,8:1, drei Dell'Orto-Vergaser VHB 24, Naßsumpfschmierung, Zündung über Zündspule und drei Unterbrecher, 12-Volt-Lichtanlage mit 280-W-Drehstromlichtmaschine und 15-Ah-Batterie. Zahnrad-Primärantrieb über Lamellenkupplung auf das Fünfganggetriebe.

Röntgenzeichnung des aufwendig gebauten Sechszylinder-Reihenmotors. Zumindest für die Verwendung in einem Motorrad ein wirklich ungewöhnliches Aggregat. Gut zu erkennen die einteilige Kurbelwelle mit Gleitlagern, Steuerkette mit Kettenspanner, Nockenwelle, Kipphebel (mit Einstellschrauben und Kontermuttern), Schrauben-Ventilfedern; Kolben mit drei Ringen; Getriebekettenrad und Antriebszahnräder. Unten am Kurbelgehäuse die Ölfilterpatrone.

Eine aufgebohrte Version der Benelli Sei wurde 1976 in Holland als Sonderserie aufgelegt. Neben dem größeren Motor (fast 1000 ccm) fällt die Sechs-in-eins-Auspuffanlage auf. Mit ihrem ohrenbetäubenden Sound erregte sie Aufmerksamkeit, wo immer sie auftauchte.

BENELLI

Diese Einzelanfertigung eines Langstreckenmotorrades auf Basis der Benelli 750 Sei entstand Mitte der 70er Jahre bei Motobécane, der auch Benelli-Importeur für Frankreich war, und wurde von der Equipe MOC an den Start gebracht. Das Gefährt besaß einen Spezialrahmen mit liegendem Hinterradstoßdämpfer. Diese Motobécane-Benelli, die z.B. beim Bol d'Or in der Prototypenklasse laufen sollte, kam auf bis zu 240 km/h. Auffällig sind auch die verschraubten, geteilten Felgen und das hintere Kettenrad an der Schwinge.

Die legendären Honda-Werkssechszylinder waren nicht die einzigen Sechspötter bei der TT auf der Isle of Man. Keith Martin brachte mit Unterstützung des englischen Benelli-Importeurs Agrati (Sales) Ltd. 1976 diese 750 Sei auf den Bergparcours. Abgesehen von der detaillierten Vorbereitung, einem Leichtmetalltank, GFK-Sitzbank und -Verkleidung, sechs offenen Rennmegaphonen und diversen anderen Detailänderungen blieb die Maschine erstaunlich seriennah.

BENELLI

Ein Journalist bezeichnete die Vierzylinder-Benelli Quattro 254 einmal als Meisterwerk en miniature. Womit er sicher recht hatte. Einziger Haken war ihr Preis — 1979 kostete sie in England das Doppelte einer japanischen 250er Zweizylinder. Was bekam man nun neben dem einzigartigen Vierzylindermotor für sein Geld? Auf jeden Fall ein stilistisch unverwechselbares Motorrad. Von der im Tank integrierten Konsole mit Tacho und Drehzahlmesser, Warnleuchten für Öldruck, Ladestrom, Leerlaufstellung, Licht und Blinker, der auffallenden, mehrfarbigen Schalterbatterie an beiden Enden der Lenkergriffe, bestechenden Tankseitenverkleidungen aus rotem Nylon bis zu dem bis an den Tank und den Bremsflüssigkeitsbehälter hochgezogenen Rennsitz unterstrich die kleine Benelli in jedem Detail ihren Sonderstatus. Stilistisch gelungen wirkten auch die Gußräder mit 12 sternförmigen Speichen und 2,75 x 18er Bereifung vorne und 3,00 x 18 hinten sowie der vorderen Scheibenbremse mit 260 mm Durchmesser.

Die im Tank integrierten Instrumente verliehen der Benelli 250 Quattro einen fast antiquierten Touch, der sich nachhaltig von der ultramodernen Gesamtkonzeption abhob. Später wurden Instrumente, Anzeigeleuchten und Zündschloß an einen konventionelleren Platz an den Lenker hochverlegt.

BENELLI

Oben: Der faszinierende kleine Vierzylinder der Benelli 254 Quattro. Wie der Zweitakttwin der 250 2C, so kam auch dieser Motor auf nur 231 ccm. Mit 45,5 x 38 mm waren die Zylinder betont überquadratisch ausgelegt. Die Höchstleistung von 29 PS stand bei 10500/min zur Verfügung, doch drehte der Motor auch problemlos bis 12000! Viele Tester hätten sich statt des Getriebes mit fünf Gängen eins mit sechs gewünscht, waren aber ansonsten voll des Lobes.

Ganz links: Die Doppelunterbrecher und -kondensatoren spiegeln das Vorbild der Japaner wieder — ebenso andere Details am Motor der Quattro, auch der Kerzenstecker!

Links: Die Quattro auf der Straße. Hier eines der Modelle von 1980/81 mit serienmäßiger Lenkerverkleidung. Statt mit der typischen roten Lackierung lief die Maschine jetzt in Eisblaumetallic vom Band.

BENELLI

Ein Trio von Benelli Vierzylindern im Ausstellungsraum von Mick Walker Motorcycles im Oktober 1979. Vorn eine 350 RS, oben rechts eine 750 Sei, oben links die damals neue 504 Sport. Der Benelli-Absatz in Großbritannien erreichte damals freilich nur einen Bruchteil der Stückzahlen, die Ducati und Moto Guzzi erzielten.

Mit der 900 Sei setzte Benelli seine Sechszylinder-Tradition 1980 bis 1989 fort. Der 906-ccm-Motor kam bei einer Verdichtung von 9,53:1 auf 80 PS bei 8400/min. Interessante Details waren die hydraulischen Scheibenbremsen mit einer Koppelung ähnlich wie bei den größeren Moto Guzzi, elektronische Zündanlage (der kleinere Sechszylinder hatte noch Unterbrecherkontakte) sowie die spezielle Duplexkette zum Hinterrad. Das abgebildete Exemplar befindet sich bis auf die als Zubehör lieferbare 6-in-1-Auspuffanlage (statt der serienmäßigen 6-in-2-Anlage) im Originalzustand.

BETA

Die 354 Sport, die im wesentlichen einer verkleinerten 504 Sport entsprach, war speziell für den Inlandsmarkt konzipiert worden, wo Maschinen bis 350 ccm steuerliche Vorteile genossen. Im Unterschied zur 504 hatte die Benelli einen anderen Hubraum als ihr Typencode vermuten ließ: 346 ccm. Das überquadratische Triebwerk (50 x 44 mm) leistete 38 PS bei 9500/min, für knapp 160 km/h gut. Diese Maschine war preisgünstig und gefiel durch den elastischen, fünffach gelagerten Vierzylindermotor.

Beta

Spitzenmodell des Jahrgangs 1979 war die 125 TS (Touring Sport). Neben ihrer Spitze von 130 km/h war die sportliche Beta auch durch Gußräder, doppelte Bremsscheiben vorne, Renntank, Schutzbleche aus rostfreiem Stahl und Tacho mit passendem Drehzahlmesser immer ein Blickfang für junge (und junggebliebene) Fahrer.

Bianchi

Die Firma Beta, 1948 von Giuseppe Bianchi gegründet, ist in Florenz ansässig und führt seit Jahren Straßen- und Geländemotorräder im Programm. Mit zu den besten ist die 250 GS von 1976 zu zählen. Der schlitzgesteuerte 248-ccm-Zweitakter (70x65,5 mm) dieser Vollblut-Enduro entwickelte 32 PS bei 7400/min. Technische Finessen wie Fünfganggetriebe, elektronische Zündung, Doppelschleifen-Rohrrahmen, Ceriani-Gabel, Gas/Luft-Stoßdämpfer hinten und brandaktuelles Styling sorgten für gute Verkaufszahlen.

1956 stellte der alteingesessene Bianchi-Konzern diese 203-ccm Sprint für traditionsreiche Rennen wie den Moto Giro und Milano-Taranto vor. Sie war auf dem Reißbrett von Ing. Colombo entstanden, der auch die Serienmaschine Tonale entworfen hatte. Die 203 lief über 145 km/h und läutete die Nachkriegs-Rennmaschinenepoche der Marke Bianchi ein.

BIANCHI

Werksfahrer Osvaldo Perfetti im Sattel einer Bianchi Formula 3 mit 203 ccm, mit der er am 31. August 1957 den Sportmaschinenlauf in Monza gewann.

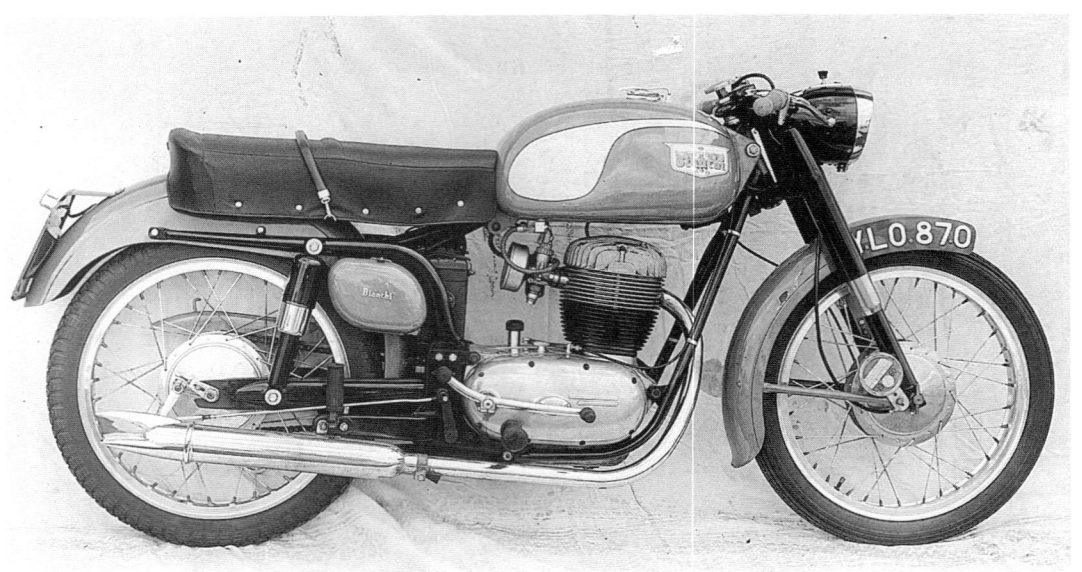

Die meistverkaufte Straßen-Bianchi der späten 50er und frühen 60er Jahre war die Tonale 175. Ihr Motor (60x61,8 mm) war mit einer kettengetriebenen obenliegenden Nockenwelle ausgerüstet. Die Ähnlichkeit der Tonale mit vielen italienischen 175ern jener Jahre beschränkte sich freilich auf ihr Äußeres. Am besten könnte man sie als Schaf im Wolfspelz bezeichnen, denn Bäume ließen sich mit ihr nicht gerade ausreißen. Mit nur 8,3 PS bei ganzen 6000/min kam man gerade auf gut 96 km/h bei voll aufgedrehtem Gas. Dank Sparsamkeit und exzellenter Straßenlage fand sie aber dennoch eine treue Anhängerschaft.

Bimota

Bimota stieg Anfang der siebziger Jahre als Rahmenlieferant für Honda- und MV-Vierzylinder in das Motorradgeschäft ein. 1976 stellte man bereits komplette Maschinen auf die Räder, meist mit Suzuki-Motoren. Ein typischer Vertreter war diese DS2 von 1977 mit dem damals noch neuen GS 750 dohc-Vierzylinder. Interessant sind die Hinterradaufhängung mit vertikalem Stoßdämpfer, 35-mm-Ceriani-Vordergabel, Magnesiumfelgen aus Bimota-Entwicklung und 300-mm-Brembo-Dreifachscheibenbremsen (aus Grauguß, wie auch die Bremssättel). Die Hinterrad-Stoßdämpfer waren von de Carbon eigens für diese Maschine entwickelt worden. Die Höchstgeschwindigkeit lag um 32 km/h höher als bei der Serien-Suzuki. Auch Straßenlage und Fahrverhalten hatten gewaltig gewonnen.

Bimota-Monteure bei der Arbeit an einem Rahmenprototyp. Diese Edelschmiede in Rimini erfreute sich besten Rufs bei den Japanern, weshalb im Laufe der Jahre Honda, Suzuki, Kawasaki und Yamaha Motoren an Bimota lieferten.

BIMOTA

BIMOTA

Das nächste Entwicklungsstadium des Bimota-Superbike begann auf dem Mailänder Salon im November 1977. Massimo Tamburini wartete abermals mit einem echten technischen und optischen Leckerbissen auf. Das neue Modell hieß KB1 und war mit 900- oder 1000-ccm-Kawasaki-Vierzylinder — zwei obenliegende Nockenwellen! — zu haben. Die KB1 schöpfte die drei markanten Merkmale der Bimota-Grand Prix-Renner voll aus: variable Lenkgeometrie, Gitterrohrrahmen und Einzelstoßdämpfer-Hinterradaufhängung.

Die Bimota SB2 kam auf stolze 229 km/h — über 32 km/h mehr als die Suzuki GS750, die an sich das gleiche Triebwerk besaß. Dieses Plus war nicht zuletzt der wirkungsvollen Stromlinienverkleidung und dem geringeren Gewicht von 180 kg zu verdanken. Das Lenkrohr der SB2 war um 25 Grad geneigt worden, was der Straßenlage sehr zugute kam (wie hier im Sommer 1978 auf einem Haarnadelparcours demonstriert wird).

Links: Die erste echte Serien-Bimota war das SB2 Superbike. Diese Sensation auf zwei Rädern debütierte auf dem Salon von Bologna Im Januar 1977. Unorthodox war die SB2 in jeder Hinsicht. Der 18-Liter-Tank lag unter dem Motor; das Benzin wurde über eine elektrische Benzinpumpe nach oben in den Vergaser gefördert. Durch den tiefliegenden Tank wanderte auch der Schwerpunkt gegenüber der Suzuki GS750 nach unten.

BIMOTA

Die neue SB3 zur Saison 1979 hatte den Motor der Suzuki GS1000 erhalten. Der Rahmen mit variabler Lenkgeometrie unterstrich die gründliche Arbeit von Chefingenieur und Bimota-Mitbegründer Massimo Tamburini. Die Kombination des aktuellsten Suzuki-Vierzylinder-Kraftpakets mit dem exzellenten Bimota-Fahrgestell durfte man als wirklich gelungen bezeichnen. Die Höchstgeschwindigkeit betrug fast 240 km/h.

Eine Bimota KB2 mit dem Motor der Kawasaki 550 im September 1980 auf dem Londoner Salon in Earls Court. Die Rahmenkonstruktion ist hier in allen Details zu erkennen. Markant sind die Rahmenrohre, der einzelne Hinterradstoßdämpfer und der Vierkantprofil-Schwingarm mit Exzentereinstellung. Interessant auch der Ölkühler (unter dem Scheinwerfer), der hydraulische Lenkungsdämpfer, die 4-in-1-Auspuffanlage und die sauber gearbeitete GFK-Verkleidung. Unmittelbar zuvor hatte Jon Ekerold die Weltmeisterschaft in der 350-ccm-Klasse auf einem Yamaha-Zweitakttwin mit Bimota-Rahmen gewonnen.

BIMOTA

Bimota-Testfahrer Berloni im Jahre 1980 auf Probefahrt mit einer SB3. Seinerzeit war die SB3 die schnellste Serien-Straßenmaschine der Welt — sie bot Fahreigenschaften und Bremswerte, die keine Wünsche offenließen.

Unten: Die kleinste Vierzylinder-Bimota war die KB2 Laser. Sie debütierte 1981 und war mit einem luftgekühlten 550er Kawasaki-Vierzylinder ausgerüstet. Die technischen Daten: 553,8 ccm (58×52,4 mm), 54 PS bei 8800/min, 40-mm-Gabeln, 16''-Felgen und Leergewicht 165 kg. Höchstgeschwindigkeit: 200 km/h.

BIMOTA

Anfang der 80er Jahre expandierte Bimota rapide und steigerte den Ausstoß in den neuen Werkshallen deutlich. Dieser Wachstumskurs ließ sich freilich nicht durchhalten; im Juli 1984 befand sich das Unternehmen finanziell arg in Bedrängnis und konnte nur dank der italienischen Unternehmensgesetze überleben, die ein 24monatiges Moratorium auf alle Schulden ermöglichten. Diesem Umstand, aber auch der DB1 mit Ducati-Motor hat die Marke Bimota ihr Überleben zu verdanken.

Superbike SB3 von 1980 mit 1100er Suzuki-Motor. Mit einer Höchstgeschwindigkeit von über 255 km/h stellte sie 1980 eine Reihe neuer Geschwindigkeitsrekorde in der Pro-Street-Klasse über die fliegende Viertelmeile, Meile und Kilometer auf. Die schnellste Zeit von 256,4 km/h, in einer Richtung erreicht, war für eine Straßenmaschine in Europa sensationell.

BIMOTA

1982 hatte die KB2 ein neues Dekor, eine neue Forcella-Vordergabel, ein kleineres Hinterrad-Kettenrad und etliche versteckte Änderungen erhalten, vor allem aber noch mehr Leistung, die für bessere Beschleunigung und höhere Endgeschwindigkeit bürgte.

Das Motorrad, das die Marke Bimota rettete! Obwohl das Unternehmen im Juli 1984 Konkurs anmelden mußte, konnte Bimota mit der DB1 ihre erste Straßenmaschine mit italienischem Motor auf den Markt bringen, es war ein 750er Ducati-Pantah. Im Zuge des allgemeinen Motorrad-Aufwärtstrends war die Firma bis Juli 1986 auch wieder flüssig. Etwa 350 Exemplare der DB1 wurden allein in Japan bis Mitte 1987 verkauft — nicht schlecht für ein Unternehmen mit nur 34 Beschäftigten …

BIMOTA

Ein Blick auf Rahmen und Mechanik der Bimota DB1 bei abgenommener Verkleidung. Der 70 PS starke Ducati-Twin (90 Grad) hat 748 ccm (88 x 61,5 mm), je eine obenliegende Nockenwelle mit Riemenantrieb, zwei Dell'Orto PHF 36, Fünfganggetriebe, 12-Volt-Anlage, elektronische Zündung, Anlasser. Der Rahmen ist aus Chrom-Molybdän-Stahlrohr. 41,5-mm-Vorderradgabel mit Anti-Dive, Hinterradaufhängung mit einem Stoßdämpfer. Doppelscheiben-Schwimmsattelbremse, vorne 280, hinten 220 mm. Bereifung vorne 130/60 VR 16, hinten 160/60 VLR 16 schlauchlos. Gewicht 160 kg.

Die DB1 RS wurde von Bimota in die »Schlacht der Zweizylinder« ins Rennen geschickt. 1987 sicherte man sich acht Siege und einen 2. Platz bei neun Starts, ferner acht Rundenrekorde in der italienischen Zweizylinderklasse unter Werksfahrer Bombardi. Im gleichen Jahr holte sich Dale Quarterley die US-Supertwin-Meisterschaft, während Privatfahrer die DB1 RS in Japan, Deutschland und Holland zum Erfolg führten. Die wichtigsten Änderungen an der Maschine betrafen den Motor, eine neue Nockenwelle (aus Bimota-Fertigung), größere 41-mm-Vergaser und eine geänderte Auspuffanlage. Als Ergebnis kletterte die Leistung um 10 PS auf 80 PS und die Höchstgeschwindigkeit auf 232 km/h.

Cagiva

Cagiva entstand, als im September 1978 die Familie Castiglioni die früheren Aermacchi- und späteren AMF Harley-Davidson-Werke in Varese in Norditalien erwarb. Die Firma übernahm auch Ducati, Husqvarna und Morini. Im Herbst 1978 fertigte man als eines der ersten Projekte eine Neuauflage der alten ohv-Einzylinder von Aermacchi. Zwei Prototypen wurden vorbereitet; hier die Tourenversion. Die Sportster unterschied sich von jener durch gekapselte Scheibenbremsen vorne und hinten und besaß die gleichen Campagnolo-Gußräder wie der Harley-Zweitakttwin mit 250/350 ccm, mit dem Walter Villa sich die Weltmeisterschaft holte.

Ein weiterer Cagiva-Prototyp, dem die Serienreife versagt blieb, war die 250 DG. Er war als italienische Version der Yamaha 250 LC gedacht. In punkto Leistung und Styling konnte die Cagiva sicher mit der Konkurrenz aus Fernost mithalten, wäre da nicht der Kostenfaktor gewesen. Die Cagiva 250 DG basierte auf den Zweitakttwins, mit denen Walter Villa unter Harley-Davidsons Ägide vier Weltmeisterschaftstitel herausgefahren hatte; sie erfüllte höchste Ansprüche. Ihr Gestehungspreis wäre jedoch auf das Doppelte der Yamaha gekommen, deshalb gab man das Vorhaben wieder auf.

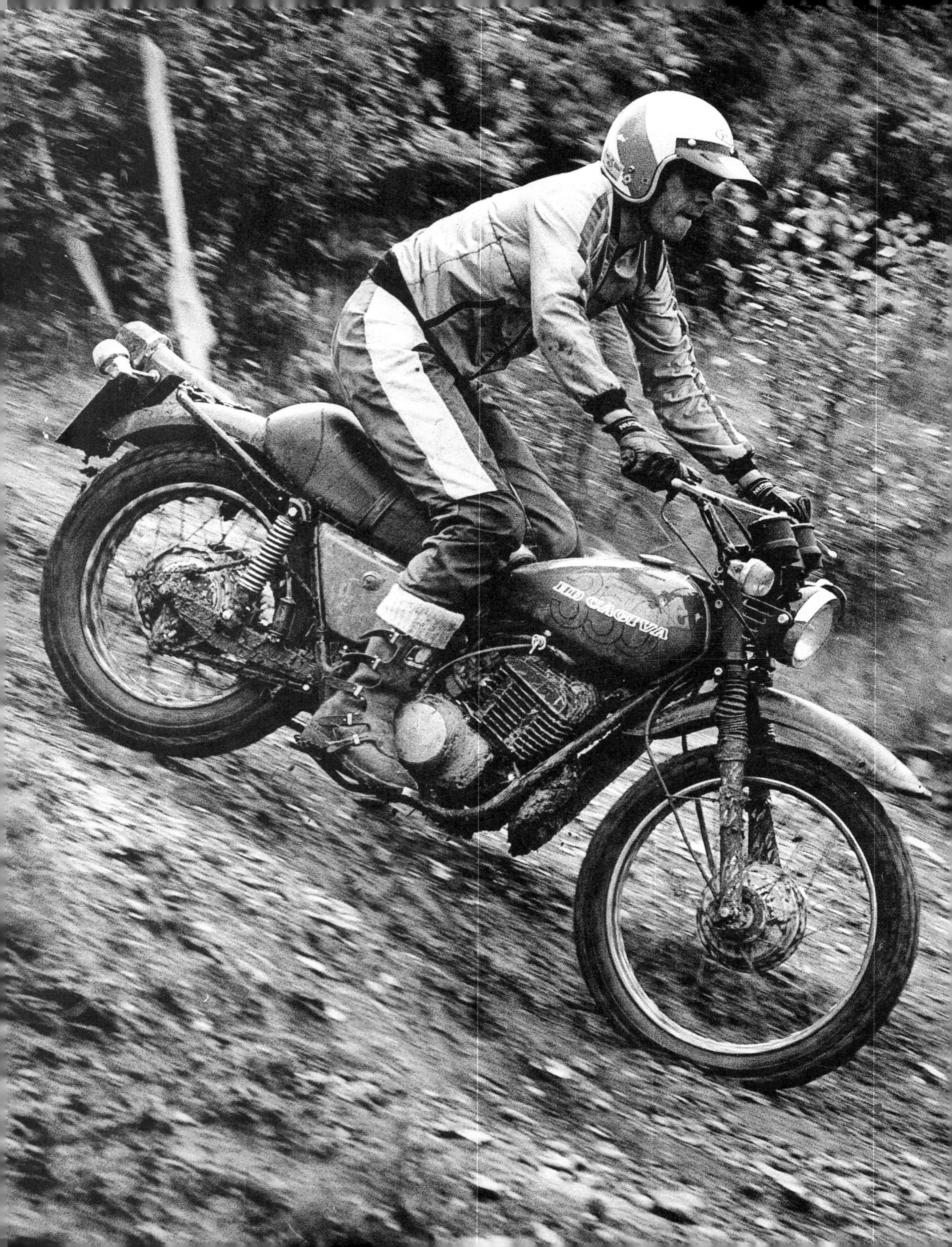
HD CAGIVA

CAGIVA

Rechts: Die SST, Straßenversion der Zweitakt-350er von Cagiva. Sie lief 145 km/h, überzeugte durch außergewöhnlich gutes Fahrverhalten und Straßenlage sowie durch das breite Leistungsband des schlitzgesteuerten 342-ccm-Motors. Das Fünfganggetriebe besaß einen Zahnrad-Primärantrieb. Wie auch die kleineren Cagiva (125, 175 und 250 ccm) wies die SST eine 12-V-Anlage auf und Pumpenschmierung — Details, die bei vielen kleineren italienischen Motorrädern jener Jahre leider meist fehlten.

Rechts: Die Version 1980 der Cagiva RX250. Technisch entsprach sie weitgehend dem Motocross-Modell MXR. Neben geringen Änderungen an der Motorabstimmung hatte die Enduro-Version Sachs-Hydrogas-Stoßdämpfer, eine Stahlschwinge, geänderte Schutzbleche und eine Lichtanlage. Die RX erhielt zudem wie die Cross-Maschine einen Leichtmetalltank und konnte damit überall im Straßenverkehr gefahren werden (in manchen Ländern sind Kunststoff-Tanks nicht zugelassen).

Links: Ein früher, besonders typischer Cagiva-Vertreter war diese Enduro SX350 von 1979, das hier im Juli 1979 bei einer Cross-Veranstaltung zu sehen ist. Trotz ihres vergleichsweise hohen Gewichts hielt sich die SX350 im Gelände recht gut und fuhr in der 250er Version bei den Internationalen Six Days noch 1981 eine Goldmedaille ein.

Capriolo

Aus ihrem 75-ccm-Einzylinder schuf Capriolo mit diesem 150-ccm-Boxermotor eine echte kleine Sensation: Die Konstrukteure hatten den Motor einfach verdoppelt! Dies ersparte natürlich hohe Entwicklungskosten, und obendrein konnte man weitgehend auf bewährte Teile zurückgreifen. Der neue Twin (der als Cento 50 herauskam) wies wie der Einzylinder einen Preßstahlrahmen auf. Damit hörten die Ähnlichkeiten jedoch schon auf, denn das Fahrwerk war radikal umgestaltet worden. Hinten besaß die Cento 50 eine Vollschwinge an Doppelstoßdämpfern, vorne eine Earles-Schwinge.

1958 brachte Capriolo erneut eine komplette Palette von Hochleistungs-Einzylindern mit Stirnnockenwellenantrieb zwischen 75 (Foto) und 125 ccm heraus. Die kleinste Version mit 75 ccm war mit 47 x 43 mm überquadratisch ausgelegt. Der Stirnnocken saß oben auf einer senkrechten Welle auf der linken Zylinderseite. Am unteren Ende der Welle saß ein Schneckenrad auf der dreifach kugelgelagerten Kurbelwelle und sorgte für den Nockenwellenantrieb. Die Ventile waren um knapp 60 Grad schräggestellt und mit Schraubenfedern bestückt. Weitere technische Leckerbissen stellten der Kegelrad-Primärantrieb, eine Zahnradölpumpe, Schwungrad-Magnetzündung und die Blockbauweise mit Vierganggetriebe dar. Bei den Internationalen Six Days 1958 und 1959 fuhr die 75 ccm Capriolo etliche Medaillen ein.

CAPRiOLO

Die Capriolo 75 Tourist Trials basierte auf den Six-Days-Modellen und war die Serienversion dieser Sportmaschinen. Das Bild zeigt dieses Modell neben anderen Capriolo-Typen auf dem Londoner Salon 1961.

Im englischen Fachblatt *Motorcycle* stand am 12. Januar 1961 über die Capriolo 125 de Luxe zu lesen: »Ein spritziges ohc-Leichtmotorrad aus Italien.« Die 125er stellte im Prinzip eine vergrößerte Variante des 75er Modells dar. Wie dieses besaß auch die 125er Stirnnockenwellenantrieb und einen Preßstahlrahmen.

Ceccato

Die Firma Ceccato, 1950 gegründet, brachte eine Fülle von Zwei- und Viertaktmodellen heraus. Am bekanntesten wurde die 73 ccm Super Sport mit obenliegender Nockenwelle. Der Nockenwellenantrieb erfolgte über einen Rädersatz auf der rechten Motorseite. Die Höchstleistung betrug 8 PS bei 11 000/min. Bei den klassischen Langstrecken-Straßenrennen Anfang und Mitte der 50er Jahre stellte sie zusammen mit einem 98-ccm-Ableger ihre Qualitäten unter Beweis. Auf dem Bild die Ceccato 75 von Vittorio Zito, Klassensieger beim Rennen Milano-Taranto im Jahr 1956, am Kontrollpunkt Rom.

Cimatti

Die Kaiman war das meistverkaufte Cimatti-Motorrad der 70er Jahre. Mit nur 49 ccm Hubraum brachte der Minarelli-Zweitakter mit seinem Sechsganggetriebe diese Maschine im Enduro-Look auf fast 95 km/h. Ihre Ausstattung entsprach der wesentlich größerer Modelle: Motocross-Auspuffanlage, hochgezogener Lenker mit Querstrebe, schlagfeste Schutzbleche, Stollenreifen, Gasdruck-Stoßdämpfer hinten, konische Vorderradnabe, Marzocchi-Gabel, hochfeste Felgen.

CIMATTI, CM

Enrico Cimatti gründete 1949 in Pioppe di Salvaro bei Bologna ein Motorradwerk, das seinen Namen trug. Hier entstand eine Fülle von Leichtmotorrädern mit Einbaumotoren (49 bis 173 ccm) von Demm, HMW, Franco Morini, Minarelli und FBM (ein ohv-Viertakter). Größere Umsätze machte Cimatti indessen mit einer breiten Palette von Mopeds, so auch dieses Modell mit Franco-Morini-Motor, das hier auf der IFMA in Köln im September 1976 zu sehen ist.

CM

CM wurde 1930 von Oreste Drusiani und Mario Cavedagna gegründet, die sich nicht nur als Fahrer, sondern auch als talentierte Ingenieure einen Namen machten. Bei CM entstanden einige der besten italienischen Motorräder der 30er Jahre. Nach dem Krieg entstand bei CM ein neues Führungsteam unter Ing. Salvia und stellte ein Typenprogramm mit Zweitaktmotoren vor. Das Bild zeigt den CM-Stand auf dem 27. Mailänder Salon vom 3. bis 12. Dezember 1949. In der Mitte ist einer der Vorkriegs-Viertakter zu sehen, das übrige Programm bestand aus den neuen CM-Zweitaktern.

CM, DEMM

In der CM 125 Sport von 1950 verbanden sich Altes und Neues zu einer eigenen Mischung. Althergebracht waren beispielsweise die Parallelogrammgabel, die Sattelfederung und die einfache Hinterradfederung. Der Motor mit Leichtmetallzylinder und -zylinderkopf, Blockbauweise und modernem Design setzte dagegen neue Maßstäbe in der Zweiradindustrie Italiens.

Der erste Zweizylinder-Zweitakter von CM debütierte im Dezember 1952 auf dem Mailänder Salon. Die hier gezeigte Hochleistungsversion ließ allerdings drei Jahre auf sich warten. Mit makelloser Verarbeitung sollte sie — wie zahlreiche andere Modelle dieser Prägung — nur einen Zweck erfüllen: Siege für die Marke bei den Langstrecken-Straßenrennen einzufahren, beim Moto Giro und Milano-Taranto. Ähnlich wie bei Maschinen anderer kleinerer Hersteller gab es Probleme beim Verkauf an Privatkunden.

Demm

Während der gesamten 50er Jahre setzte das Mailänder Unternehmen Daldi & Matteucci SpA — besser als Demm bekannt — nicht nur Mopeds und Kleinkrafträder in großen Stückzahlen ab, sondern stellte auch zahlreiche Geschwindigkeits- und Langstrecken-Weltrekorde auf. Die wichtigste Rekordfahrt fand am 7. November 1956 in Monza statt, als ein Vollstromlinienfahrzeug mit einem 49-ccm-Demm-Motor elf Rekorde in der 50- und 75-ccm-Klasse über Distanzen bis zu zwölf Stunden brach. 1958 kehrte Demm mit einer normalen Sportmaschine nach Monza zurück und stellte in der Serienmaschinenklasse abermals zahlreiche neue Rekorde auf. Hier ist Jacobini, Fahrer bei Demm, auf der Steilwandstrecke von Monza zu sehen.

Ducati

Das Foto zeigt das Ducati Trial-Werksteam unmittelbar vor dem Start zu den Internationalen Six Days 1954, die in jenem Jahr in Wales stattfanden. Von links nach rechts die Fahrer: Giovanni Malaguti, Alberto Gandossi, der 1958 auf Ducati Vizeweltmeister in der 125-ccm-Klasse wurde, und Alberto Farné, Vater Franco Farnés, dem bekannten Fahrer und Ingenieur bei Ducati. Die Ducatis sorgten bei dieser Geländefahrt mit den kleinsten Maschinen des Starterfeldes für einiges Aufsehen. Farné und Malaguti errangen Silbermedaillen, Gandossi mußte nach einem Unfall ins Krankenhaus eingeliefert werden.

Nach der Gran Sport (die neben der 100er auch mit 125 und 175 ccm im Programm war) folgte das Formula-3-Programm von Ducati, bei welchem es sich im wesentlichen um eine Überarbeitung der ursprünglichen Gran Sport handelte, mit Detailverbesserungen wie gekapseltem Ventiltrieb und (bei der abgebildeten 175er) größeren doppelten Amadoro-Vorderradbremsen. Die 175 F3 von 1959 kam auf 16 PS bei 9000/min und fast 160 km/h Spitze. Der 175-ccm-Motor entsprach in Hubraum und Abmessungen den Serienmodellen 175 Sport und Turismo. In Großbritannien lag sie preislich (1960/61) über einer 500er Norton Manx — kein Wunder, daß die Nachfrage sich in Grenzen hielt!

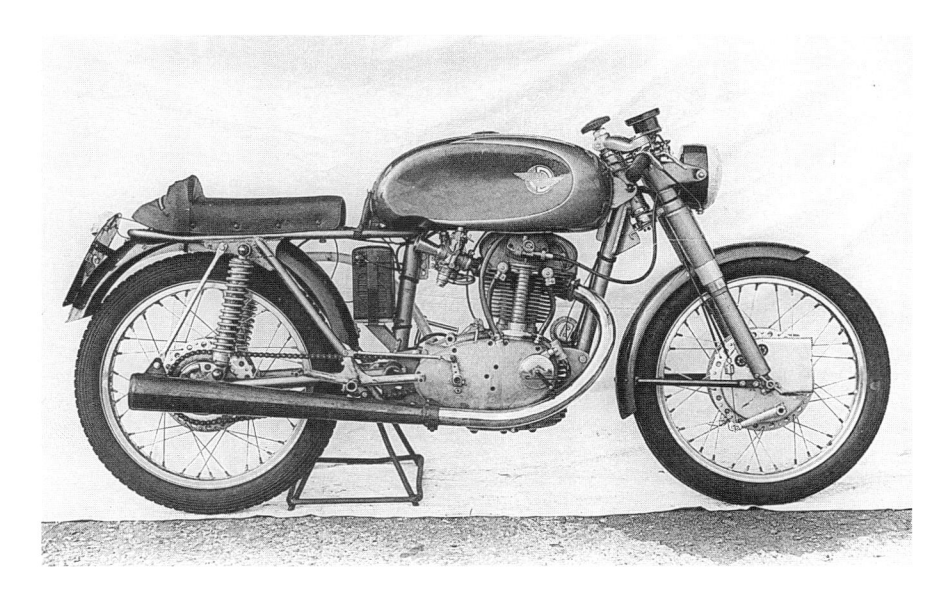

DUCATI

Die 100 Gran Sport, auch als Marianna bekannt, war die erste einer langen Serie von ohc-Maschinen und die erste Ducati-Konstruktion Fabio Taglionis. Von ihrem ersten Rennauftritt beim Giro d'Italia 1955 an, als die sechs ersten Plätze in der 100-ccm-Klasse an die Gran Sport gingen, dominierte die neue Ducati den Giro und das Rennen Milano-Taranto, bis die Austragung dieser Klassiker nach der Tragödie bei der Mille Miglia 1957 eingestellt wurde. Einige technische Daten der 100 Gran Sport: 99,7 ccm (49,4 x 52 mm), obenliegende Nockenwelle mit Antrieb über Königswelle auf der rechten Motorseite, Kegelräder mit Geradverzahnung (spätere Straßen-Serienmaschinen hatten Spiralverzahnungen).

Die erste Ducati 250 basierte auf einem aufgebohrten 175er Formula-3-Rennmodell. Wie viele andere Rennmaschinen war auch diese ein Versuchsträger für spätere Serienmodelle. Im April 1961 brachte das Werk zwei nagelneue Straßenmodelle heraus, den Monza Tourer und die Sportversion Diana (Foto). Beide hatten den gleichen 248-ccm-Motor (74 x 57,8 mm) mit Vierganggetriebe. Die Diana (in England hieß sie Daytona) wurde mit Stummellenker, einem größeren Benzintank, einer schmaleren, kaum gepolsterten Sitzbank und rennmäßigen Schutzblechen geliefert. Die Höchstgeschwindigkeit betrug ca. 136 km/h.

Durch Austausch einiger weniger Teile, die in einem Rennbausatz zu haben waren, ließ sich die Diana auf 160 km/h bringen. Der abgebildete Motor wurde vom englischen Ducati-Händler King in Manchester für Pressetestfahrten 1962 umgerüstet. Der Umbausatz enthielt einen größeren 27er Dell'Orto-SS-Vergaser, einen höher verdichtenden Kolben (9:1 statt 8:1) sowie einen Rennauspuff. Damit kam die Ducati an die magische 100-mph-Grenze und mauserte sich zu einem Favoriten bei Nachwuchsrennfahrern auf beiden Seiten des Atlantiks.

DUCATI

In den sechziger Jahren führte Ducati ein umfangreiches Programm von Mopeds, Rollern und Kleinkrafträdern mit schlitzgesteuerten Zweitaktern im Programm. Zehn Jahre lang bildeten sie wichtige Stützen der Modellpalette. Typisch war das Ducati-Angebot in der 100-ccm-Klasse mit der Cadet (Straßenmodell) und der Mountaineer (Straßen- und Geländeversion). Beide debütierten 1964 und weisen gebläsegekühlte 94-ccm-Motoren (51 x 46 mm) mit Dreiganggetriebe auf. Das Foto zeigt den Verfasser als Sieger in der 100-ccm-Klasse eines vom britischen Militär in Aden organisierten Trials.

Der Ducati 500er Paralleltwin von 1965. Bei 72 mm Bohrung und 58,8 mm Hub kam er auf genau 478,8 ccm. Naßsumpf und Blockbauweise entsprachen der Ducati-Tradition, doch war der Neuling im Gegensatz zu eingeführten Ducati-ohc-Motoren ein ohv-Triebwerk. Auch die schwergewichtige Bauweise von Motor und Rahmen brach mit Ducati-Gewohnheiten. Die Höchstleistung wurde mit 36 PS bei 6500/min angegeben. Zur Serienausrüstung zählten Vierganggetriebe, Elektrostarter und zwei Dell'Orto SS1-Vergaser.

1964 lief bei Ducati die Entwicklung einer völlig neuen Maschine an. Dieser 500er Paralleltwin war vor allem für den US-Markt gedacht, der für Ducati mittlerweile zum Exportland Nr.1 geworden war. Der abgebildete Prototyp wurde bei der Daytona Show im März 1965 den Händlern vorgeführt. Der Twin sah zwar attraktiv aus, doch seine Leistung (Spitze nur 143 km/h) vermochte kaum zu überzeugen. Der Prototyp ging nach Italien zurück und wurde im Werk Bologna eingelagert, wo sich der Motor noch heute befindet.

Oben: 1970 entwickelte der englische Ducati-Importeur Vic Camp für seinen Fahrer Alan Dunscombe ein Einzelexemplar zum Einsatz in der Serienmaschinenklasse. Es basierte auf der neuen 450er Street Scrambler, besaß einen Desmo-Zylinderkopf, einen 42er Vergaser, vordere Pagehiln-Scheibenbremse mit Lockheed-Bremssätteln, Stummellenker, einen hydraulischen Lenkungsdämpfer, Leichtmetallfelgen und einen Renn-Einzelsitz. 1970/71 gewann die Maschine zahlreiche Rennen, bevor sie an John Savage (ein Bruder des bekannten Norton-Tuners Andy Savage) verkauft wurde, der hier 1973 in Silverstone mit der Maschine zu sehen ist.

A. M. Rogers, der in den 60er Jahren die 250-ccm-Klasse nahezu aller Clubrennen in England beherrschte, errang seinen größten Erfolg mit dem Klassensieg bei der Production TT 1969. »Mick« Rogers fuhr viele seiner Siege auf kurzen Strecken sowie den Sieg auf der Isle of Man auf einer 1964 importierten Ducati Mach 1 heraus. Hier ist er auf dem Weg zu seinem Sieg bei der TT 1969 an der Governor's Bridge zu sehen. Oben rechts: 1972er Desmo-Ducati 350 in überarbeiteter Version. Sie hat eine neue Frontpartie mit doppelter Grimeca-Bremse und eine 35-mm-Marzocchi-Gabel.

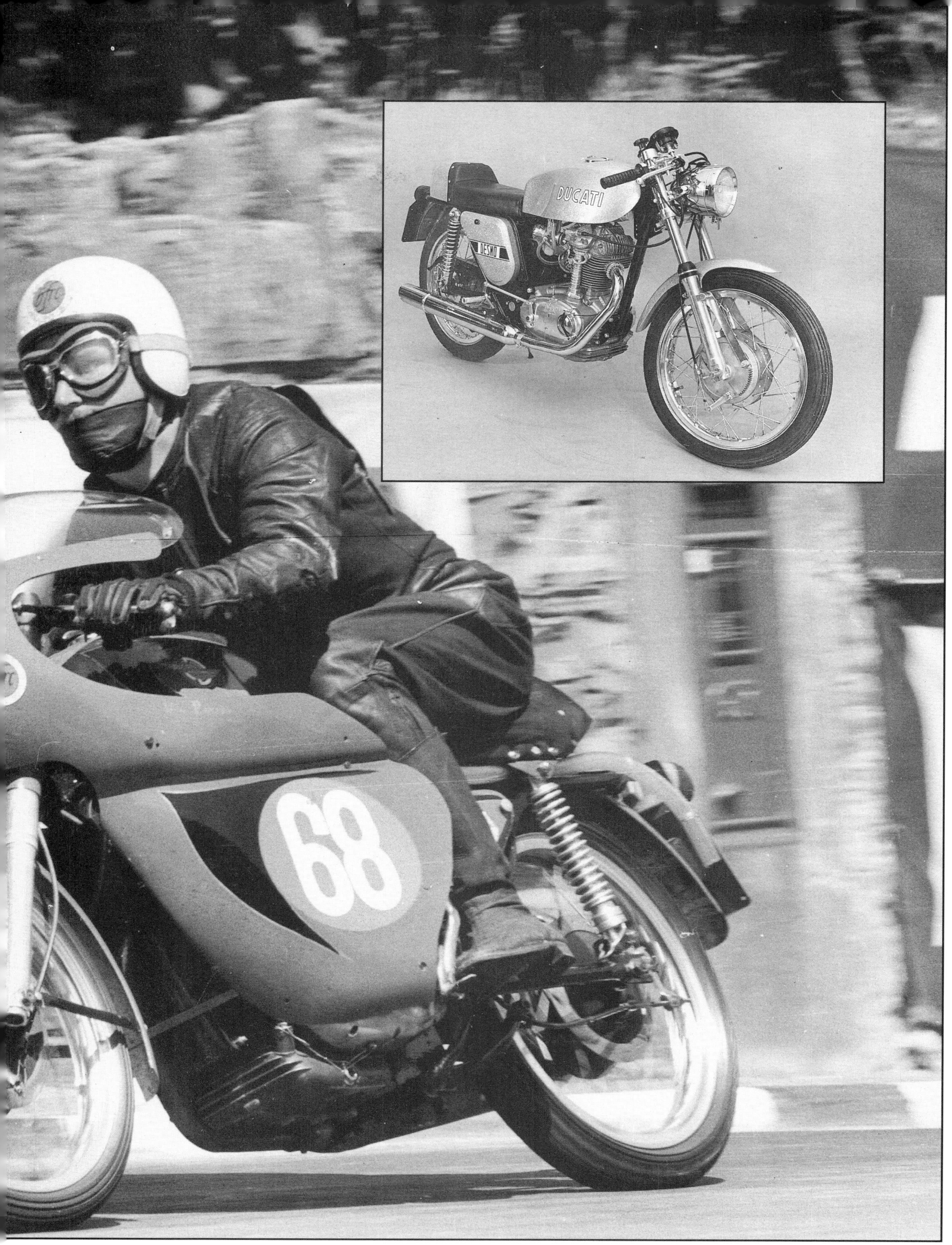

DUCATI

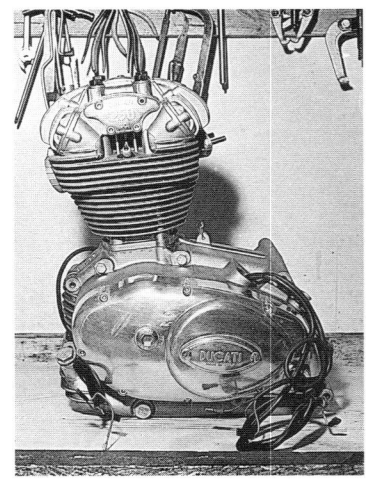

Oben: Der Motor der 250er Ducati Mark III. 1974 lieferte das Werk den 250er in zwei Varianten: mit 249 ccm (74x57,8 mm) sowie speziell für Frankreich mit 239 ccm (72,5x57,8 mm). Bis auf Kolben, Zylinder, Nockenwelle und Ventilfedern waren beide Motoren baugleich. Der 250er Motor besaß einen Vollschaftkolben, Haarnadelventilfedern und einen 29er Dell'Orto-Vergaser mit quadratischem Schieber; der 239er hatte einen höher verdichtenden Slipper-Kolben, Schraubenfedern sowie einen 30-mm-Dell'Orto mit rundem Schieber.

Oben links: Schlagzeilen machte 1972 die neue BMW R90S — doch für die größte Überraschung sorgte Ducati mit der Sport-Version der GT, einem 90-Grad-V-Twin mit 748 ccm (80x74,4 mm), der seit dem Anfang des Vorjahres im Programm stand. Die Sportmaschine hob sich nicht nur durch aggressivere Linienführung ab, sondern auch durch höher verdichtende Slipper-Kolben, 32-mm-Vergaser und schwarze Motorseitendeckel. Die Halbverkleidung kam auf Wunsch hinzu.

Links: Ducati 750 Sport der Jahre 1973/74. Sie verkörperte alle positiven Aspekte der Marke aus Bologna — Geschwindigkeit, Stil und Sound in Reinkultur. Technisch war sie erstklassig, verarbeitungsmäßig ein Reinfall. Die Motorkonstruktion darf zu Recht als Meisterwerk gelten, doch an den GFK-Teilen zeigten sich Spannungsrisse und der Chrom blätterte ab.

DUCATI

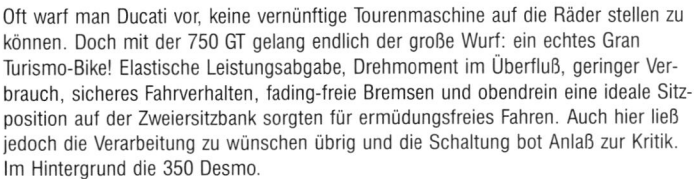

Oft warf man Ducati vor, keine vernünftige Tourenmaschine auf die Räder stellen zu können. Doch mit der 750 GT gelang endlich der große Wurf: ein echtes Gran Turismo-Bike! Elastische Leistungsabgabe, Drehmoment im Überfluß, geringer Verbrauch, sicheres Fahrverhalten, fading-freie Bremsen und obendrein eine ideale Sitzposition auf der Zweiersitzbank sorgten für ermüdungsfreies Fahren. Auch hier ließ jedoch die Verarbeitung zu wünschen übrig und die Schaltung bot Anlaß zur Kritik. Im Hintergrund die 350 Desmo.

Die Ducati 750 GT; hier ihr Herzstück. Selbst wer an Ducati kein Interesse fand, mußte von der Fülle präzise gefertigter Leichtmetallteile beeindruckt sein. Interessant vor allem der Königswellenantrieb der obenliegenden Nockenwellen, der Tachowellenantrieb vom vorderen Zylinder, Rechtsschaltung, Verteilergehäuse mit Doppelunterbrecher und -kondensatoren, 30-mm-Dell'Orto-Vergaser mit Beschleunigerpumpe sowie der gekröpfte Kickstarter.

Bis auf die hochgezogene Auspuffanlage entspricht diese Ducati 750 SS, die hier Steve Wynne im Jahr 1975 fährt, dem Serienmodell 1974. Im Gegensatz zur 750 GT und Sport mit konventionellen Ventilfedern besaß die SS einen desmodromischen Ventiltrieb, Dreifach-Scheibenbremsen (als erstes Serienmotorrad) und große 40er Dell'Orto-Vergaser.

DUCATI

Der Brite Doug Lunn mit der 750 SS, die er beim Production TT-Rennen im Juni 1974 auf der Isle of Man an den Start brachte. Lunn war beim englischen Importeur Coburn & Hughes tätig, mußte sein Motorrad und seine Kosten jedoch aus eigener Tasche bezahlen. Er darf daher als echter Privatfahrer gelten.

Unten links: Die nächste Entwicklungsstufe des Super Sport Desmo-V-Twin kam mit der Einführung der größeren 900 SS von 1975. Sie besaß eine auf 86 mm erweiterte Bohrung, die den Motor auf 864 ccm brachte, auch hatte Chefkonstrukteur Fabio Taglioni zahlreiche Details überarbeitet, so die elektronische Zündung und die unteren Kegelräder. Neu waren auch eine Auslegerlagerung, eine bessere Ölfilterung und kantigere Motorseitendeckel. Das Modell auf dem Foto stammt von 1977.

Unten: Simon Morris aus Colchester mit seiner Ducati 750 SS — eine von nur 24 im Jahre 1974 nach Großbritannien importierten Maschinen dieser Marke.

DUCATI

Malcolm Moffatt, Sieger der 1976er Irish North West 200 in der Production-Klasse, an der Alexander Bridge. Moffatt war damals nicht nur ein talentierter Rennfahrer, sondern auch Ducati-Händler im Nordwesten Englands. Die Maschine ist eine 1975er 900 SS. Auffällig die verkürzte, neu verlegte Auspuffanlage, die mehr Bodenfreiheit ergeben sollte.

Ein Teil der Fertigungsanlagen von Ducati im Werk Borgo Panigale, Bologna. Hier werden gerade Kurbelgehäuse für die größeren V-Twins bearbeitet. Das Ducati-Werk zählt zu den bestausgestatteten Werken der italienischen Motorradbranche.

DUCATI

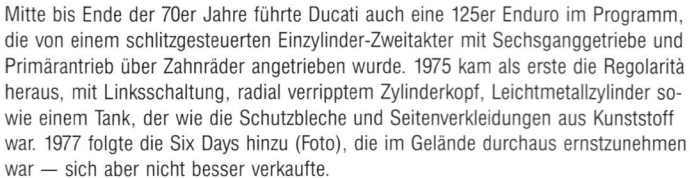

Mitte bis Ende der 70er Jahre führte Ducati auch eine 125er Enduro im Programm, die von einem schlitzgesteuerten Einzylinder-Zweitakter mit Sechsganggetriebe und Primärantrieb über Zahnräder angetrieben wurde. 1975 kam als erste die Regolarità heraus, mit Linksschaltung, radial verripptem Zylinderkopf, Leichtmetallzylinder sowie einem Tank, der wie die Schutzbleche und Seitenverkleidungen aus Kunststoff war. 1977 folgte die Six Days hinzu (Foto), die im Gelände durchaus ernstzunehmen war — sich aber nicht besser verkaufte.

Der Paralleltwin der mittsiebziger Jahre erfüllte leider nicht die in ihn gesetzten Hoffnungen. Zunächst erschien ein GTL-Tourer mit 350 ccm (71,8 x 43,2 mm) bzw. 497 ccm (78 x 52 mm); er fiel durch den extrem kurzen Hub und die normalen Ventilfedern im Zylinderkopf auf. Stilistisch orientierten sich diese Motorräder an der 860 GT. Der Entwurf stammte von Giugiaro, dessen Arbeiten für Ducati keinen großen Anklang fanden. Schließlich beauftragte Ducati den Italjet-Chef Tartarini mit dem Neu-Styling des V-Twin, aus dem die Darmah wurde; aus dem Paralleltwin entwickelten sich die Sport Desmo 350 (Foto) und 500.

Die 900 SD Darmah von Tartarinis Reißbrett auf dem Londoner Salon 1977. Bei ihrem Debüt Anfang 1977 sorgte die Darmah gleich für die spürbare Aufwertung des Markennamens Ducati und seiner Verkaufszahlen. Erstmals wurde auch die Bedeutung der Details wie Schalter, Elektrik, Instrumente deutlich. Wie schon Laverda, verwendete auch Ducati fortan japanische oder deutsche Zulieferteile für diese wichtigen Bereiche. Die Darmah war das erste Ducati-Tourenmodell mit desmodromischer Ventilsteuerung.

DUCATI

Die GTV war die Tourenversion der Desmo Sport und löste die GTL-Modelle ab. Das 1977er Modell gefiel wie sein sportlicherer Ableger durch üppige Serienausstattung mit Alufelgen und Dreifach-Bremsscheiben (260 mm). Höchstgeschwindigkeit: 175 km/h.

Der Motor der 1979er Ducati 900 SS. Neu kamen nun eine verbesserte Nippon-Denso/Bosch-Elektrik (aus der Darmah) und schwarz/goldene Lackierung hinzu.

1979er 900 SS in ländlicher Idylle. Die Doppelsitzbank war serienmäßig, die Einzelbank als Extra zu haben. Als problematisch galten die Gußräder, von denen drei Ausführungen verwendet wurden: Campagnolo, Speedline und FPS.

DUCATI

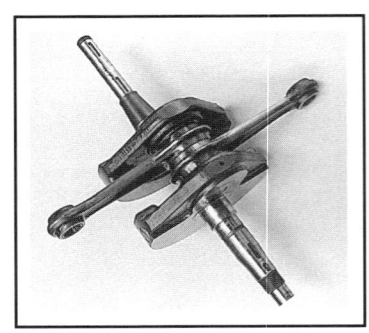

Oben: Der Kurbeltrieb des 860/900er Ducati V-Twin. Die beiden Pleuel sind auf einem gemeinsamen Hubzapfen auf Stahlrollen in einem Paar Aluminiumkäfigen gelagert. Beide Schwungmassen besitzen einen eigenen Schleuderring, der durch Fliehkraft herausgeschleuderte Rückstände zurückhält. Neben zu geringem Öldruck und der schwächlichen Ölfilteranlage ist dies eine der Hauptursachen für die Hauptlagerschäden, die an diesen Motoren mitunter auftreten.

Oben links: Der Motor aus einer 1983er Mike Hailwood Replica — sie glich der 900 SS bis auf kleine Unterschiede, z.B. das dichter am Rahmen verlegte linke Auspuffrohr (um Platz für die Verkleidung zu lassen). Das abgebildete Exemplar ist mit nicht serienmäßigen, verkürzten Leichtmetall-Ansaugtrichtern von Malossi anstelle der Originalteile aus Kunststoff ausgerüstet.

Nach dem Comeback und anschließenden Sieg Mike Hailwoods auf einer Ducati V-Twin bei der TT 1978 legte Ducati für das Modelljahr 1979 eine Sonderserie von Straßen-Replicas auf. Sie fand in vielen Ländern rasanten Absatz, worauf die Mike Hailwood Replica 1980-83 als normales Serienmodell weitergeführt wurde. 1983, als das Foto entstand, hatte sie sich zum meistverkauften Ducati-Modell entwickelt. Es folgten noch weitere Überarbeitungen, u.a. eine Vergrößerung auf 973 ccm (88 x 80 mm) im Jahr 1985, bevor ihre Herstellung im darauffolgenden Frühjahr von Cagiva, dem neuen Herrn im Hause, eingestellt wurde.

DUCATI

Die drei Bilder zeigen ein nach allen Regeln der Kunst vorbereitetes Spezial-Bike auf Basis der 900 SS, das die englische Firma Sports Racing 1985 vorstellte. Der 1983er Motor war hier mit Cosworth-Kolben auf annähernd 1000 ccm vergrößert worden. Mit größeren 41,5-mm-Dell'Orto-Vergasern beschleunigte sie auf fast 240 km/h. Die verchromte 2-in-1-Auspuffanlage stammte von Verlicchi. Auffällig auch die beiden Fiamm-Fanfaren (die bei diesem Auspuffsound aber wohl kaum nötig gewesen sein dürften). Der englische Harris-Rahmen sorgte für geradezu klettenhafte Straßenlage. Am Rahmen fallen die tiefgezogenen Rahmenträger und die vertikalen Träger am Hinterrad auf.

Fantic

Oben: 1985er 750 F1, die für viele den klassischen, riemengetriebenen V-Twin von Ducati verkörpert. Stilistisch stellte sie eine gelungene Synthese aus alten und neuen Elementen — ohne die üppige Verkleidung der Paso-Modelle — dar. Im Serientrim kam die F1 auf 204 km/h, getunte Versionen wie die Montjuich und Laguna Seca brachten jedoch weitere 16 km/h...

Oben links: Die Seitenansicht der Ducati F1 läßt den Rohrrahmen deutlich erkennen. Dies war die erste Serien-Ducati mit Einzelstoßdämpfer hinten. Neben der 750 F1 existierten noch zwei weitere Versionen: die 350 F3 für den Inlandsmarkt und die 400 F3 für Japan, den besten Exportmarkt von Ducati. 1988 wurde die Fertigung aller Versionen eingestellt.

Fantic wurde 1968 von dem Italo-Holländer Henry Keppel gegründet. Die modernen Werke in Barzago, Como (hier eine Aufnahme aus den frühen 70er Jahren), erwarben sich bald einen guten Ruf für ausgereifte, qualitativ hochstehende Konstruktionen. Fantic setzte wie viele andere kleinere italienische Hersteller vorwiegend Minarelli-Zweitaktmotoren in seinen Mopeds und Leichtkrafträdern ein. In der kleinen Klasse hatte Fantic etliche vollwertige Off-Road-Wettbewerbsmaschinen vorzuweisen — für Trial, Motocross und Enduro.

FANTIC

Oben: Eines der bizarrsten Serienmotorräder italienischer Produktion war zweifellos das Modell Fantic Chopper. Es wurde mit 50- oder 125-ccm-Motor geliefert und entsprach voll und ganz dem Chopper-Trend, der Mitte der 70er Jahre aufkam. Mit dem Abflauen dieser Mode stellte Fantic die Fertigung dieser Modelle wieder ein.

Oben rechts: Daß die Serienversion der Caballero 125 RC (Regolarità Competizione), die über 125 km/h schnell war, auch reichlich Rennerfolge einheimste, dürfte kaum überraschen. Der 125-ccm-Motor (55,2 x 52 mm) von Minarelli entwickelte 25 PS bei 10 000/min; später wurden sogar fast 30 PS erreicht. Bis Ende der 70er Jahre war das Modell mehrfach modifiziert und mit besseren Kunststoffteilen versehen worden. Auch neue Gabeln und Hinterrad-Gasdruckstoßdämpfer hatte die 125 RC erhalten.

Das erfolgreichste Fantic-Modell Mitte der 70er Jahre war die 125 RC Caballero. Werksfahrer Gianni Guanziroli kam mit der konsequenten Enduro-Version 1975 auf sieben wichtige Siege. Hier ist er am 29. Juni 1975 bei den italienischen Ausscheidungsläufen zu den Internationalen Six Days zu sehen.

FANTIC, GARELLI

1980 brachte Fantic eine sportliche Straßenmaschine für den heftig umkämpften 125-ccm-Markt heraus. Dieses Modell Strada, ein moderner Einzylinder-Zweitakter, besaß einen Leichtmetallzylinder mit hartverchromter Lauffläche und vier Einlaßkanälen. Die Höchstleistung des 125-ccm-Motors (55,2 x 52 mm) mit Sechsganggetriebe betrug 18,6 PS bei 7500/min, das maximale Drehmoment 17,7 Nm bei 7250/min. Zur Serienausstattung gehörten ein elektronischer Tacho, Primärantrieb-Kickstarter (so daß der Motor auch bei eingelegtem Gang angetreten werden konnte), Lenkkopf mit Kegelrollenlagern, Leichtmetall-Gußräder, eine 260-mm-Scheibenbremse von Grimeca am Vorderrad sowie ein verriegelbarer Sitz mit Helmhalter.

Garelli

In den frühen Nachkriegsjahren setzte Garelli seinen beliebten 38-ccm-Zweitakter Mosquito als Fahrradhilfsmotor in großen Stückzahlen im In- und Ausland ab. Ermutigt durch diesen Erfolg, entwarf Garelli einen neuen 49-ccm-Motor, wiederum ein Zweitaktmotor für den Einbau in Mopeds und Kleinkrafträder. Auch dieser Motor hieß Mosquito, er debütierte auf dem Mailänder Salon im Dezember 1955. Das Bild zeigt den Mopedmotor in der Dreigangversion.

GARELLI

1960 brachte Garelli sein erstes Viertaktmodell heraus. Der ohv-Motor kam von Parilla und hatte 124 ccm (54 x 54 mm), der bei einer Verdichtung von 7,5:1 auf 7,5 PS bei 7500/min kam. Für die Gemischaufbereitung sorgte ein Dell'Orto VB 20BS mit großem Luftfilter. Die Garelli 125 war als Alternative zu den »Boy-Racer«-Modellen jener Jahre konzipiert, die damals unter den Leichtmotorrädern Italiens vorherrschten. Die Garelli unterschied sich von ihnen durch Laufruhe, Komfort und hohen Nutzwert; ihre Leistung konnte sich mit einer Spitze von 100 km/h durchaus sehen lassen. Das Modell blieb fünf Jahre im Programm, verkaufte sich allerdings nie in größeren Stückzahlen.

1964 entwickelte Eric Cheers bei dem englischen Motorradhändler Victor Horsman Ltd. die Garelli Oulton Special. Mit der als Extra lieferbaren Bill-Jakeman-Verkleidung kam diese 94-ccm-Rennhornisse auf knapp über 112 km/h, eine für die damalige Zeit außerordentlich hohe Geschwindigkeit. Cheers hatte vor allem die Verdichtung auf 10,5:1 (serienmäßig 7,4:1), erhöht, die Zylinderkanäle erweitert und die Vergaserdüsenbestückung verändert. Den Anstoß zum Bau dieser Maschine hatte 1963 eine Testfahrt auf der Oulton-Park-Strecke gegeben, als Cheers im Sattel eines Standardmodells 20 Runden mit einem Schnitt von 84,529 km/h zurücklegte.

GARELLI

Die serienmäßige 94 ccm Garelli mit 50 mm Bohrung und 48 mm Hub. Das Vierganggetriebe war mit dem Kurbelgehäuse verblockt. Der Primärantrieb erfolgte über schrägverzahnte Zahnräder, der Sekundärantrieb über Kette. Der Motor war in konventioneller Manier als Zweitakt-Einzylinder mit Graugußzylinder und Leichtmetallkopf gebaut. Weitere Merkmale waren die ungedämpfte Telegabel vorne, die gekapselten Stoßdämpfer hinten, die praktisch angeordnete Fußschaltung, Schnellverschluß-Tankdeckel sowie ein schmaler, flacher Lenker.

Garellis Trümpfe waren 50-ccm-Zweitakter. Eine der sportlichsten Varianten stellte die Junior Special dar, die auf eine Spitze von 100 km/h kam. Das abgebildete Exemplar im Spezialtrim wurde vom englischen Importeur Agrati Sales in Nottingham im Mai 1965 auf dem Motorradsalon in Blackpool gezeigt. Der große GFK-Tank, der Rennsitz und der Fliegenschutz sind nicht serienmäßig.

Zum Modelljahr 1969 erhielten die 49-ccm-Modelle von Garelli ein auffallendes Facelifting und auch einen neuen Namen. Der Motor dieses Modells Rekord leistete nun 6,5 PS und verschaffte dem Modell eine Spitze von 93 km/h. Serienmäßig gab es ein Vierganggetriebe mit Fußschaltung, eine große Sitzbank mit Wildlederbezug, Schutzbleche aus rostfreiem Stahl, eine voll gekapselte Kette zum Hinterrad, Cerianigabel mit Gummifaltenbälgen, Bremsleuchte und einen großen Werkzeugkasten.

GARELLI

Das klassische Fortbewegungsmittel für den Weg zur Arbeit: das Garellino-Zweigangmoped um 1966. Diese sehr preisgünstig angebotene Garellino war der Vorläufer des späteren Euromoped aus dem gleichen Stall — letzteres hatte jedoch ein Einganggetriebe mit automatischer Kupplung. Beide waren billig und zuverlässig, wenn auch nicht gerade atemberaubend.

Unten: Das Moped Katia mit seinen Miniaturreifen entpuppte sich in den 70er Jahren als Volltreffer für den Agrati-Garelli-Konzern. Vor allem Damen fanden an dem Maschinchen Gefallen; hier posiert die Frau des Verfassers im Oktober 1974 vor den Ausstellungsräumen der Firma Mick Walker Motorcycles. An technischen Merkmalen wären zu nennen: Liegender Einzylinder-Zweitaktmotor mit 49 ccm (40 x 39 mm), automatische Kupplung, Vorder- und Hinterradfederung, Bereifung 3,00 x 10, Schutzbleche aus rostfreiem Stahl und der eingebaute Hinterrad-Gepäckträger.

Als Anfang der 70er Jahre Sportmopeds in verschiedenen Ländern schon von Sechzehnjährigen gefahren werden durften, stieg Garelli als eines der ersten Unternehmen (neben Yamaha mit dem FS1E) auf diesen Trend ein und paßte die Rekord den neuen Bestimmungen an. 1974 wurde das Moped mit neuer Vorderradgabel, neuer Hinterradfederung, höherem Lenker und einer geänderten Sitzbank angeboten. Kritiker meinten, es wäre ebenso sinnvoll gewesen, das schmale Leistungsband zu erweitern und die mangelnde Standfestigkeit des Motors zu kurieren.

GARELLI

Neben dem Modell Rekord bot Garelli auch die Tiger Cross und Cross 80 (Foto) für Straße und Gelände an. Letztere entsprach bis auf den größeren Motor, eine andere Auspuffanlage und ein verstärktes Fahrwerk dem 50er Modell, verkaufte sich allerdings nicht so gut wie die kleineren Modelle. Sie blieb von 1975 bis 1977 in Produktion.

Nach der Änderung der europäischen Moped-Bestimmungen überarbeitete Garelli seine 50er abermals, stellte wieder auf Kickstarter um, verbesserte die Kanäle und änderte den Vergaser, um Elastizität und Anspringverhalten des Motors zu verbessern. Beim 1979er Modell (Foto) gab es einen zusätzlichen Gang sowie elektronische Zündung.

Gilera

Der Motor der Nettuno war mit 68x68 mm quadratisch ausgelegt und kam damit auf 247 ccm Hubraum. Die Turismo-Version brachte es auf 11 PS bei 5200/min, das höher verdichtete Sportmodell kam auf 14 PS bei 6000 Touren. Die Lichtmagnetanlage saß vorne am Kurbelgehäuse. Der große Rumpf des Kurbelgehäuses ist durch die Naßsumpfschmierung bedingt. Bis 1954 blieb dieses Modell im Programm.

Die Gilera Saturno, Ende der 30er Jahre von Giuseppe Salmaggi konstruiert und 1939 erstmals gezeigt (aber erst 1946 in Serie gebaut), darf als einer der italienischen Klassiker des Motorradbaus gelten. Neben ihrer Rolle als Touren- und Sport-Straßenmaschine errang sie auch als Straßenrennmaschine und sogar im Motocross beachtliche Erfolge. Sie wurde von einem 499-ccm-Motor (84x90 mm) mit hängenden Ventilen angetrieben, der in der Sportversion 22 PS bei 5000/min leistete und für 137 km/h Spitze gut war. Die abgebildete Maschine blieb von 1946 bis 1950 im Programm.

GILERA

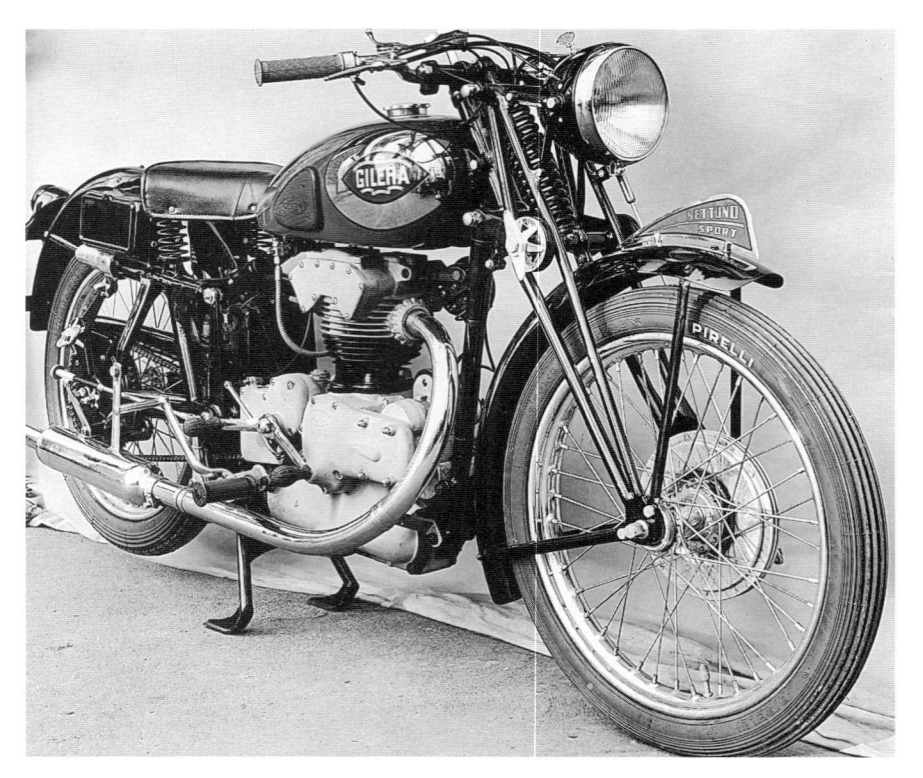

Als erste »neue« Nachkriegs-Gilera gilt die Nettuno, deren Grundkonzeption jedoch einige Jahre zurückreicht. Hätte Italien 1940 nicht in den Zweiten Weltkrieg eingegriffen, wäre sie wohl als Konkurrenz zur Moto Guzzi Airone herausgekommen. Wie jene war die Nettuno die 250er Version eines 500-ccm-Motorrades; sie wurde als Turismo und Sport (hier abgebildet) angeboten. Die 1946 eingeführte Version mit Parallelogramm-Gabel und Geradweg-Hinterradfederung mit Hebelstoßdämpfern wurde auf dem Mailänder Salon 1950 durch ein moderneres Modell mit Telegabel abgelöst.

Eine Gilera Saturno Sport in Aktion im fernen Venezuela. Diese Aufnahme von 1952 zeigt Lokalmatador Emilio Varacca auf der Rennstrecke von Santa Monica, wo er mit 113 km/h einen neuen Rundenrekord in der Serienmaschinenklasse aufstellte.

GILERA

Zugmaschine und Anhänger mit einer Ladung Gilera-Maschinen Jahrgang 1950 vor der Abfahrt aus dem Werk in Arcore. Die Cabrio-Limousine im Hintergrund ist ein Fiat 500 Topolino. Die Gebäude in diesem Teil des Werks sehen heute praktisch noch genauso aus.

Ein Posten Motoren für den Mercurio Motocarro (Lastendreirad) und die Saturno mit ihren zugehörigen Prüfkarten um 1950 im Werk Arcore.

GILERA

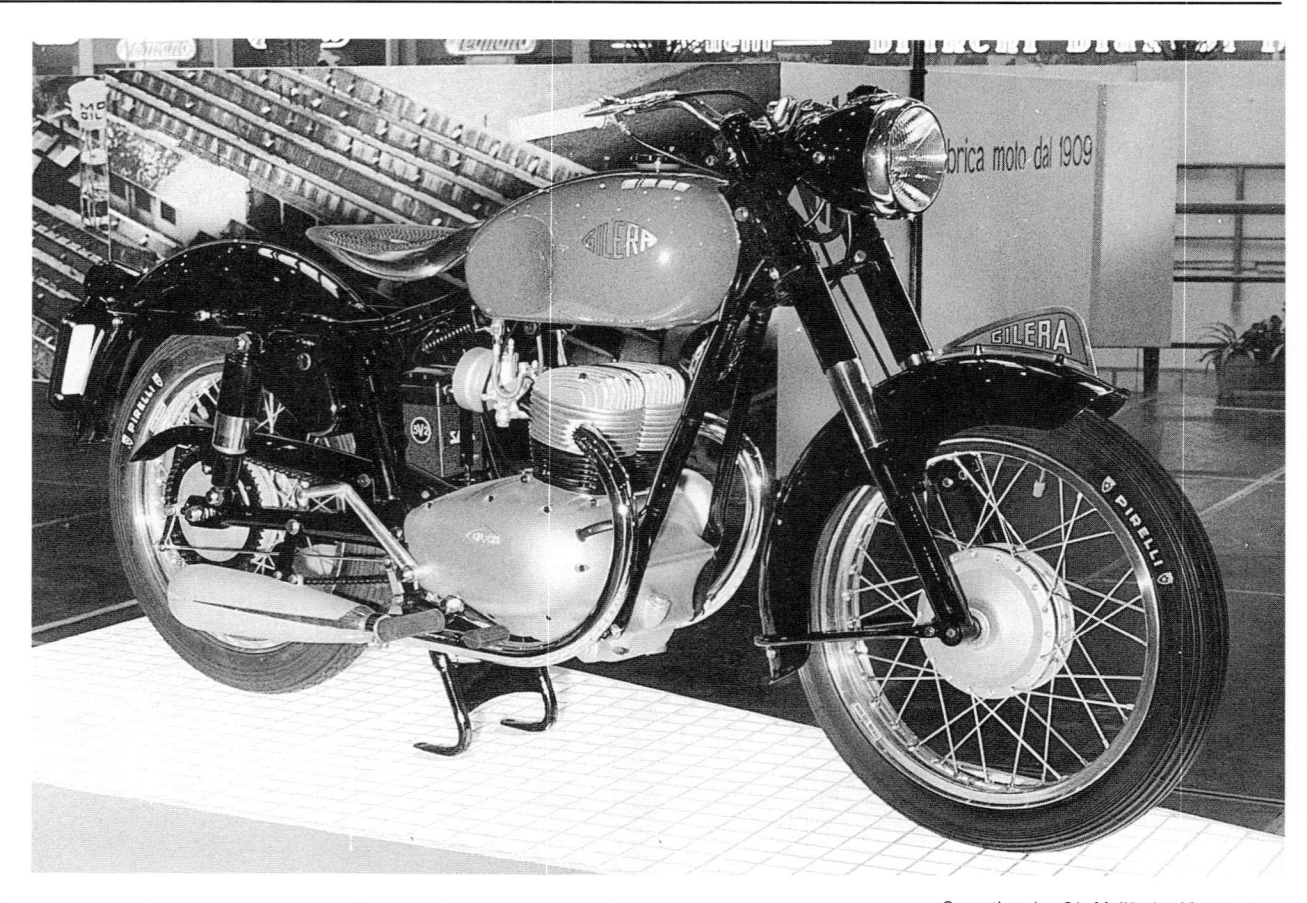

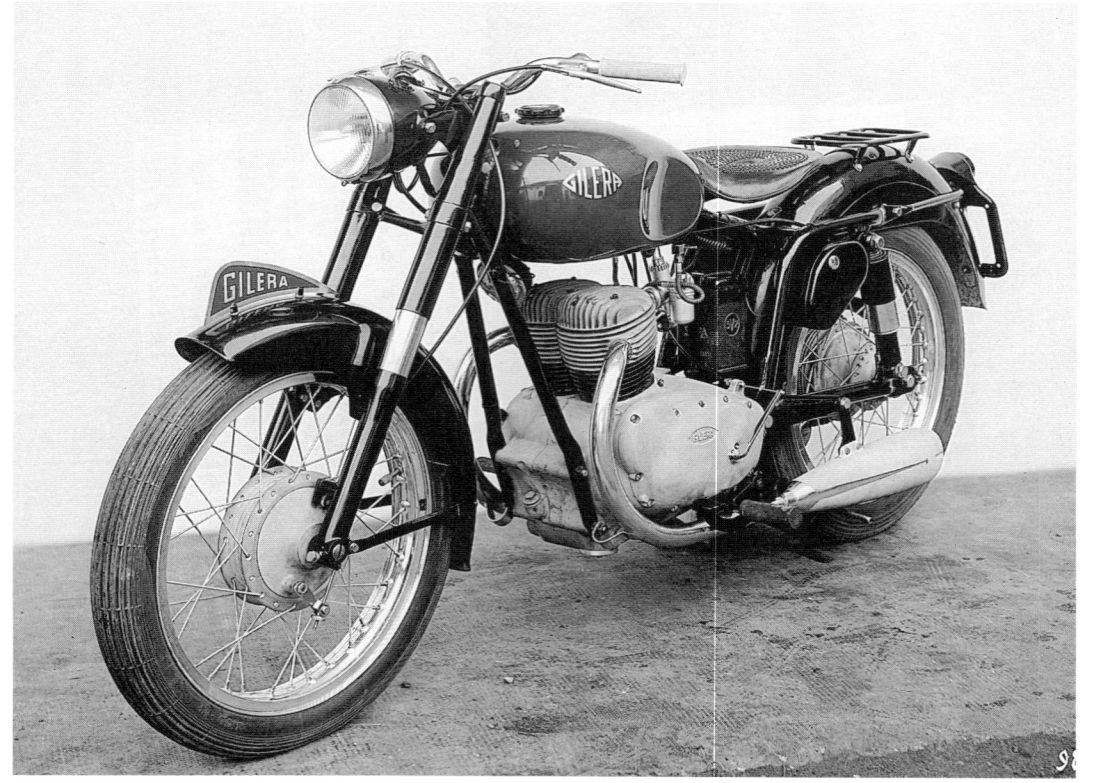

Sensation des 31. Mailänder Motorradsalons Ende 1953: die neue Gilera B300 mit obengesteuertem Paralleltwin. Der Hubraum von 305,3 ccm ist zwar ungewöhnlich, doch war er nach Werksangaben genau auf den Einsatzzweck der B300 abgestimmt, nicht auf eine willkürlich gesetzte Hubraumklassengrenze. Leider verkaufte sich die B300, obwohl sie über 15 Jahre im Programm blieb, nie in großen Stückzahlen. Der Hauptgrund für die Wahl dieses Hubraums dürfte in der Produktions-Vereinheitlichung mit dem 150-ccm-Einzylinder gelegen haben, dessen Bohrung und Hub von 60 x 54 mm mit den Dimensionen des Zweizylinder-Aggregats identisch waren.

Die linke Seite einer frühen Gilera B300. Bis auf die Zweizylinderkonstruktion ähnelte dieses Modell auffallend den kleineren Einzylindern des Hauses. Interessant sind unter anderem die Leichtmetall-Schalldämpfer, die zentrale Sattelfederung, der Gepäckträger auf dem tief eingezogenen Schutzblech und die Leichtmetallfelgen.

GILERA

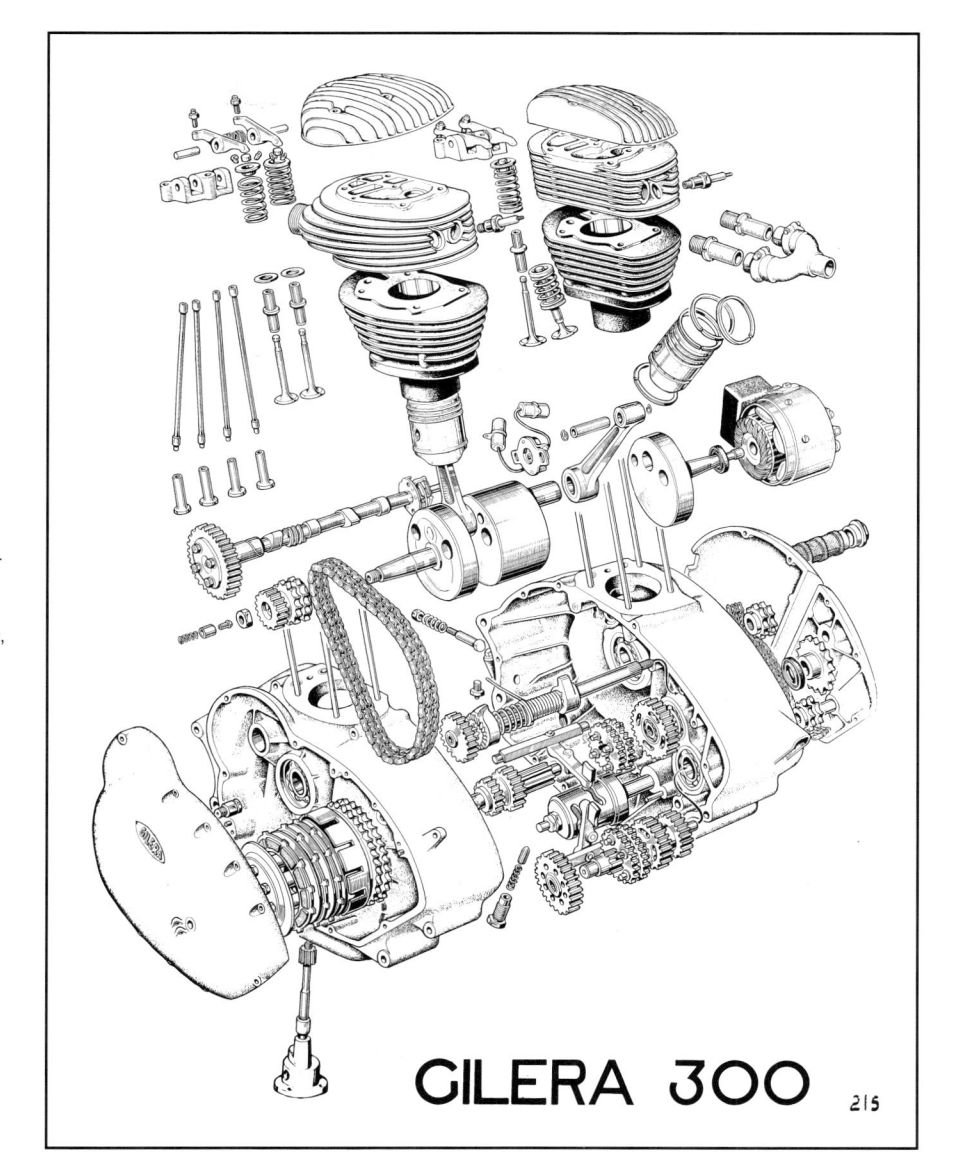

Explosionszeichnung des Zweizylindermotors der Gilera B300. An Besonderheiten fallen die mit vier Ringen bestückten Kolben auf, die gleitgelagerte, dreiteilige Kurbelwelle, einfache Ventilfedern, Graugußzylinder, Zahnrad-Ölpumpe, Doppelkondensatoren und Schwungrad-Lichtanlage.

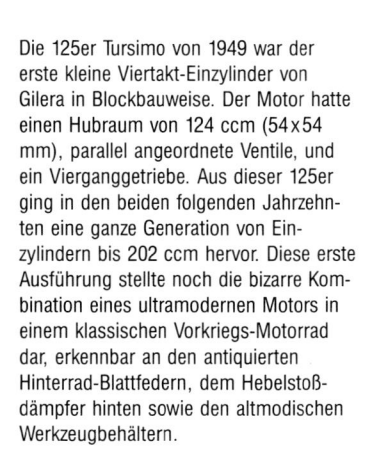

GILERA 300

Die 125er Tursimo von 1949 war der erste kleine Viertakt-Einzylinder von Gilera in Blockbauweise. Der Motor hatte einen Hubraum von 124 ccm (54 x 54 mm), parallel angeordnete Ventile, und ein Vierganggetriebe. Aus dieser 125er ging in den beiden folgenden Jahrzehnten eine ganze Generation von Einzylindern bis 202 ccm hervor. Diese erste Ausführung stellte noch die bizarre Kombination eines ultramodernen Motors in einem klassischen Vorkriegs-Motorrad dar, erkennbar an den antiquierten Hinterrad-Blattfedern, dem Hebelstoßdämpfer hinten sowie den altmodischen Werkzeugbehältern.

GILERA

Der Zweizylindermotor der Gilera B300. Die seitlich angeordneten Auspuffrohre und Zündkerzen wichen später einem konventionelleren Auspuff und einer zentralen Zündkerze. Beibehalten wurden der Primärantrieb über Duplexkette (ungewöhnlich für ein italienisches Motorrad) und die parallel hängenden Ventile, die man vom 150er Einzylinder übernommen hatte. Die Gemischaufbereitung erfolgte über einen Dell'Orto-Vergaser MB22, die Verdichtung betrug 6,5:1 und das Getriebe besaß vier Gänge.

Die neue 125er Gilera in der Fertigung. Diese Aufnahme vermittelt einen bezeichnenden Einblick in die Arbeitsweise vieler italienischer Motorradhersteller. Die Fließbandfertigung war noch nicht eingeführt; jede Maschine wurde einzeln auf einer Holzbank montiert.

GILERA

Nachdem Gilera jahrelang seine Lastendreiräder mit seiten- und obengesteuerten 500- und 600-ccm-Einzylindermotoren angeboten hatte, beschloß man 1952, auf den neuen 153-ccm-Blockmotor mit hängenden Ventilen zurückzugreifen. Im Vergleich zu ähnlichen Motocarri von Guzzi hatte Gilera ein interessanteres Modell anzubieten. Es unterschied es sich in vieler Hinsicht deutlich von normalen Motorrädern, der Motor saß obendrein quer im Rahmen. Das Eigengewicht betrug etwa 300 kg. Ab 1957 kam eine größere Version mit 198-ccm-Motor hinzu.

Die 175 Sport, die 1956 debütierte, sollte eines der beliebtesten Gilera-Modelle werden. Mit einem Hubraum von 173 ccm lehnte sie sich an die Grundkonzeption der älteren 125/150er Modelle an, optisch glich sie der 150er. Nur an der Zahl der Kühlrippen am Zylinder war sie zu erkennen: Die 150er hatte fünf, die 175er sechs Rippen.

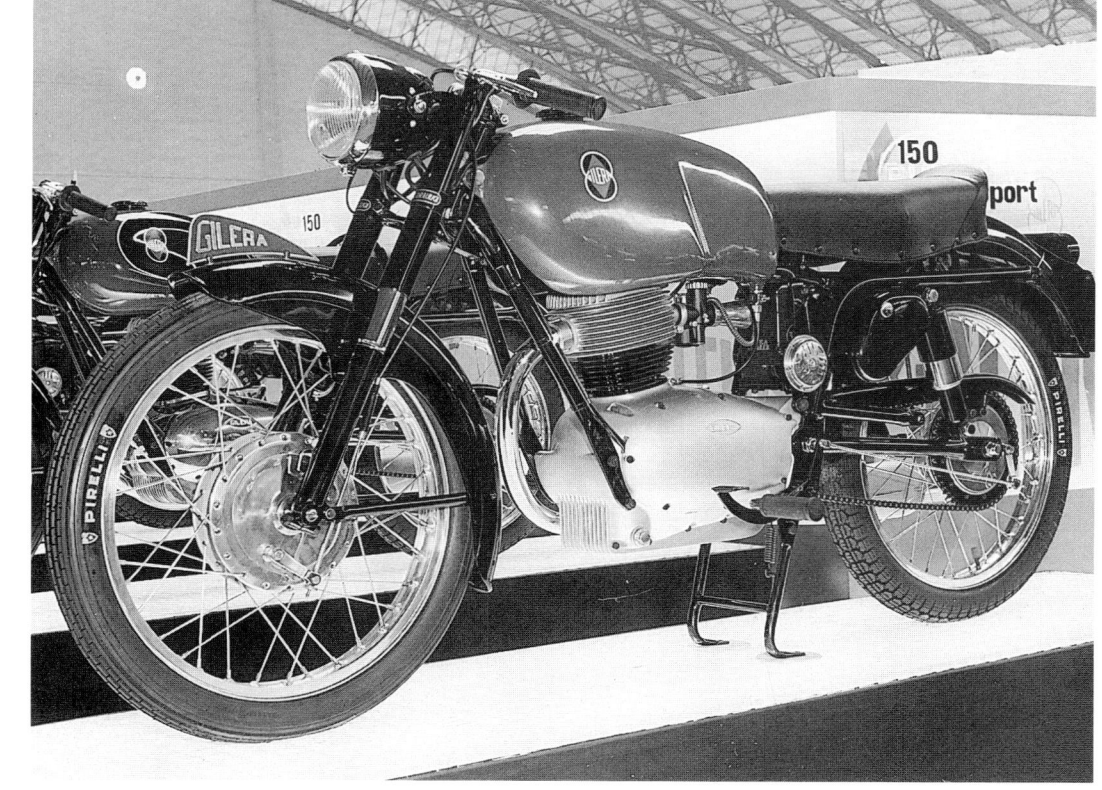

GILERA

Zur Saison 1957 führte Gilera das Modell Rossa Extra ein, das eine Luxusversion der 175 Sport darstellte. Der Motor war überarbeitet worden, die Kraftübertragung zum Hinterrad lag jetzt rechts und nicht mehr — wie bisher — links. Die vergrößerte Leichtmetall-Hinterradbremse trat an die Stelle der älteren einseitigen Bremse. Am auffälligsten war der neue Silentium-Doppelauspuff auf der linken Seite; das Sportmodell besaß einen Einzelschalldämpfer auf der rechten Seite.

Auf einem prunkvollen Stand zeigte das Werk auf dem 36. Mailänder Salon ab 28. November 1959 nur ein einziges neues Modell: die 124 Extra, eine vergrößerte Version des im Vorjahr lancierten 98-ccm-Modells. Wie die 98er präsentierte sich auch die 124 Extra als attraktives Tourenmotorrad. Mit einigen Änderungen (unter anderem einem Fünfganggetriebe) blieb dieses Modell bis 1970 im Programm.

GILERA

Als Jubiläumsmodell nach 50 Jahren Motorradbau brachte Gilera 1959 die Giubileo heraus, eine 98er mit hängenden Ventilen. Sie schlug derart gut ein, daß man später Versionen mit 125, 150, 175 und 202 ccm hinzufügte. Die Giubileo 175 (Foto) kam 1960 heraus und blieb bis 1966 in Produktion. Sie leistete 10 PS bei 8000/min, war 7:1 verdichtet, wies 158-mm-Bremsen, ein Vierganggetriebe und 17''-Räder auf. Die Höchstgeschwindigkeit betrug 111 km/h. 1966 wurde die Giubileo 175 von der Giubileo Super abgelöst, bei der die Bohrung von 60 auf 65 mm und der Hubraum auf 202 ccm vergrößert worden war. Bei einer Höchstleistung bis 11 PS war sie mit 116 km/h sogar recht schnell. Hauptpluspunkte waren jedoch das höhere Drehmoment und das Fünfganggetriebe.

1964 stellte Gilera die Sei Giorni Speciale (Six-Day Special) vor — ein merkwürdiger Name für die vielleicht bestechendste Sport-Straßenmaschine der 60er Jahre. Die Six-Day Special griff die Linie der italienischen Rennmodelle mit Stummellenker, Leichtmetallfelgen, schmalem Sattel, eingebuchtetem Tank und offenem Vergaser auf. Doch die Leistung von nur 7,5 PS und die Spitze von 100 km/h entsprachen nicht dem rasanten Äußeren.

GILERA

Der Motor der 124er Six-Day Special. Bis zum Serienanlauf hatte Gilera die ursprüngliche Bohrung und den Hub des obengesteuerten Motors auf 56 x 50 mm (gleich 123 ccm Hubraum) geändert. Auf dem Bild sind das im Zylinder eingegossene Stößelrohr, die große Motorentlüfterdose, die kräftig verrippte Ölwanne und die doppelten vorderen Rahmenrohre gut zu erkennen.

Die »zivile« Variante des ohv-Twin B500 von Gilera bei seiner Präsentation im Herbst 1967. Die B500 war ursprünglich für Polizei und Armee konzipiert worden, wurde jedoch rasch für den zivilen Markt umgearbeitet, nachdem die Wahl der italienischen Armee auf die Moto Guzzi V7 gefallen war. Leider geschah dies alles zu einer Zeit zunehmender Finanzschwäche bei Gilera, weshalb diese 500er nie in Serie ging. Nach der Übernahme durch Piaggio wanderte sie auf den Schrott. Die B500 war von dem erfahrenen Ingenieur Giuseppe Salmaggi entworfen worden.

GILERA

Auf dem Mailänder Salon 1971 zeigte Gilera — jetzt unter Leitung von Piaggio — durchgehend überarbeitete Versionen ihrer bewährten Viertakt-Einzylinder mit parallel hängenden Ventilen in 125er und 150er Version. Als 5V Arcore gingen sie Anfang 1972 in Serie. Modell 150: 153 ccm (60 x 54 mm), 14,5 PS bei 8250 Touren, Verdichtung 10:1, Fünfganggetriebe. Vergaser Dell'Orto VHB 24BS mit quadratischem Schieber. 120 km/h Spitze. Bremsen: Vorn 160 mm, hinten 140 mm, 18''-Reifen. Das Trockengewicht betrug 105 Kilogramm, die Spitzengeschwindigkeit rund 120 km/h.

Ende der sechziger Jahre entstand eine limitierte Serie echter Enduro-Gilera, die 124er und 175er Regolarità Competizione (Off-Road-Wettbewerbsmodell). Das Foto zeigt die 175er von 1968, deren mit einem Fünfganggetriebe gekoppelter ohv-Motor 17,5 PS bei 8000/min leistete (er ließ sich aber problemlos bis 8800/min drehen). Bei italienischen Wettbewerben nach dem Vorbild der Six Days brillierten diese Maschinen durch Leistung und Zuverlässigkeit; auch ließen sie sich entspannter als vergleichbare Zweitakter fahren.

GILERA

Mitglieder des 1973er »Silver Vase«-Teams vor dem Start zu den Internationalen Six Days, alle auf den nagelneuen Regolarità-Werksmodellen von Gilera. Für sie war eigens ein 124-ccm-Einzylindermotor (54 x 54 mm) mit Einlaßdrehschieber und Sechsganggetriebe entwickelt worden, der stolze 20,8 PS bei 9200 Touren entwickelte und über 112 km/h brachte. Bei den Six Days konnte Gilera zwar nicht voll überzeugen, dafür dominierte sie jedoch in der italienischen Enduro-Szene des Jahres: Alessandro Gritti errang den Landesmeistertitel in der Senior-Klasse.

GILERA

GILERA

Polizeiversion der 5V Arcore 150. Bis auf die dunkelblau/weiße Lackierung der Maschinen der Stadtpolizei war sie erstaunlicherweise weitgehend seriennah. Die einzigen Ausnahmen waren der Einzelsitz, Gepäckträger, Sturzbügel und hintere Federbeine sowie die übliche Polizeiausrüstung wie Funkanlage und Sirene.

Neben den 125er Enduro-Modellen baute Gilera auch verschiedene 50er und 75er Maschinen. Unser Bild zeigt eine dieser 75er Varianten; sie gehörte 1973-74 zum Programm und wurde mit schlitzgesteuertem Zweitaktmotor von 49,8 ccm (38,4 x 43 mm) oder 745 ccm (47 x 43 mm) und 8,8 bzw. 11,2 PS sowie Sechsganggetriebe ausgerüstet. Die Gemischaufbereitung erfolgte über einen 22er bzw. 25er Dell'Orto VHB. Beide Maschinen behaupteten sich in italienischen und internationalen Meisterschaften und sicherten sich Medaillen bei den Valli Bergamasche- und Six-Days-Geländefahrten.

GILERA

Nachdem Gilera die Werksunterstützung von Gelände-Wettbewerben eingestellt hatte, baute Elmeca verschiedene Gilera-Konstruktionen in Lizenz weiter, so die 1974er Elmeca-Gilera 125 Regolarità, die auf den bekannten Six-Days-Modellen basierte und in den Wettbewerben weit vorn mitmischte, bis sie ab 1976 von einer neuen Generation wie SWM oder der österreichischen KTM überflügelt wurde. Schon damals entwickelte sich die Trial-Szene rasend schnell; oft landete der Saisonsieger schon in der darauffolgenden Saison weit abgeschlagen im hinteren Feld.

Neben den Arcore-Viertaktern bot Gilera in Piaggio-Regie einen neuen 49-ccm-Zweitakter in Super-, Touring- und Trail-Version an. Als Mopeds und Kleinkrafträder blieben diese Modelle von 1972 bis 1976 im Programm und verkauften sich im In- und Ausland außerordentlich gut. Hervorzuheben waren vor allem der sauber konstruierte Doppelschleifen-Rohrrahmen (der sogar einer Renn-125er gut angestanden hätte), doppelseitige Leichtmetall-Bremstrommeln sowie das Vier- und Fünfganggetriebe. Auffällig ist auch die markante radiale Verrippung des Zylinderkopfes.

1977 stellte Gilera einen neuen Zweitakter als Topmodell in der 125er Klasse vor: die TG1 (Turismo Gilera Uno). Wie viele kleine italienische Zweitakt-Motorräder der 70er Jahre litt auch die mit einem 123-ccm-Motor (57 x 48 mm) mit Fünfganggetriebe bestückte TG1 unter einer kümmerlichen 6-Volt-Anlage, der unpraktischen Gemischschmierung und mangelhafter Lack- und Chromqualität. Zudem wurde sie im Ausland teurer als die Konkurrenz aus Japan verkauft. Die frühen Modelle besaßen Drahtspeichenräder, 1980 hielten Gußräder Einzug.

GILERA

Als die TG1 in die Schaufenster kam, zog auch eine Off-Road-Version ein, die GR1 (Gilera Regolarità Uno). Die aggressivere Optik der GR1 sollte ein jüngeres Publikum ansprechen. Motorisch entsprach sie der TG1, erhielt trotz eines ähnlichen Rahmens aber ein weitgehend eigenständiges Fahrwerk mit Marzocchi-Gasdruckstoßdämpfern am Hinterrad, Kunststoff-Schutzblechen, hochgezogener schwarzer Auspuffanlage, 140-mm-Grimeca-Vorderradbremse im Motocross-Stil, Lenkerverstrebung, gummigelagerter Rückleuchte, kürzerer Übersetzung, Stollenprofil und extrem zugfesten Leichtmetallfelgen.

Schon auf den zweiten Blick erkennt man das Gilera Sportmoped 50 TS, das aus dem älteren RS-Modell entstanden war, seinerseits von den 1972 eingeführten Touring- und Super-50ern abstammend. Die erste 50 TS debütierte 1978 — noch mit Drahtspeichen und spartanischer Ausstattung. Unser Foto entstand einige Jahre später in Earls Court, als bereits Luxusdetails wie Gußräder, aufeinander abgestimmter Tacho und Drehzahlmesser, vordere Scheibenbremsen, verchromte Schutzbleche, Kettenschutz und Haltegriff hinten zur Serienausstattung gehörten.

GILERA, GUAZZONI

Als letzte Viertaktmaschine mit parallelen Ventilen, deren Ahnenreihe bis zur 125 Turismo von 1949 zurückgeht, blieb die 200 T4S zusammen mit einer Custom-Version bis 1983 im Gilera-Programm. Das Bild zeigt eine 200 T4S auf dem Gilera-Stand auf der IFMA in Köln 1980. Der Einzylindermotor wies hängende Ventile auf und hatte 198 ccm (66 x 58 mm), 17 PS bei 8000/min und eine Verdichtung von 10,9:1. Weitere Details: Fünfganggetriebe, Dell'Orto-Vergaser PHBH 28BS, 260-mm-Grimeca-Scheibenbremsen vorn, 160-mm-Trommelbremse hinten, Gußräder, 18''-Reifen. Die T4S lief 120 km/h.

Guazzoni

1949 gründete Aldo Guazzoni, zuvor bei Morini, in Mailand eine eigene Firma. Seine sauber gezeichnete 191-ccm-Einzylinder von 1954 brillierte mit einer obenliegenden Nockenwelle. Im Foto die Tourenversion, auch gab es ein getuntes Modell für Langstrecken-Wettbewerbe. Bei beiden Modellen erfolgte der Nockenwellenantrieb über eine Kette auf der linken Motorseite.

Ende 1958 wurde eine neue Generation von Guazzoni-Modellen der Öffentlichkeit vorgestellt. Der annähernd waagerecht liegende 172-ccm-Einzylinder-Zweitakter saß in einem verschweißten Rohrrahmen. Dank tiefer Schwerpunktlage ergaben sich hervorragende Straßenlage und sicheres Fahrverhalten — sogar für italienische Maßstäbe. Von Ende 1959 bis 1962 wurde diese Maschine zusammen mit einem Modell mit stehendem 98-ccm-Motor auch ins Ausland verkauft.

GUAZZONI

MATTA 50 – valvola rotante

CATENE REGINA GOMME PIRELLI

usare candele
LODGE

● **DATI TECNICI** - Motore 2 tempi - Cilindro 1 - Corsa mm. 37,5 - Alesaggio mm. 41 - Rapporto di compressione 1 : 12 - Carburatore Dellorto MA 18 B - Lubrificazione a miscela - Cambio a 4 velocità con comando a pedale - Trasmissione primaria a catena - Trasmissione finale a catena - Frizione a dischi multipli in bagno d'olio - Accensione a volano magnete - Telaio in tubo portante a doppia culla - Sospensioni: anteriore a forcella idraulica, posteriore a forcella oscillante con ammortizzatori idraulici - Gomme 2,00/2,25 x 18.

GUAZZONI OFFICINA MECCANICA

VIA ALTAGUARDIA 6 - TELEF. 584.688 - 580.155
IND. TELEGR.: MOTOGUAZZONI - 20135 MILANO (ITALY)

Oben: Aermacchi Ala Rossa 175 aus dem Modelljahr 1963. Die Maschine rechts ist eine Benelli 750 Sei (Sechszylinder) von 1976.

Prototyp der Benelli 900 Sei, 1977. Darunter eine Beta 125 Sport, 1977.
Rechts: Ducati-Werbung von 1959.

TONALE 175 cc
DE LUXE

Bianchi — 4 STROKE

EDOARDO BIANCHI spa

DUCATI
200 élite

MOTO DUCATI

4 stroke
200 cc.

Timing by O.H.C.
Gearbox 4 speeds.
Maximum speed Km/h 135 (Ml/h 83.534).
Fuel consumption lt. 3.4 per 100 Kms (81 Ml/imp. gal. = 69 Ml/US gal.).

MOTORCYCLE

ENGINE - Single-cylinder - Bore: 67 mm. - Stroke 57.8 mm. - Displacement 203.783 cc. - Compression ratio: 7.8 : 1 - Timing by O.H.C. valves inclined 80° - Maximum output: HP 18 - Maximum revs. per minute 7.500 - Cooling by air - Lubrication: forced by gear pump - Oil sump in crankcase - Ignition by distributor - Sparking plug: Marelli CW 260 N - Electrical equipment: Battery fed - Battery recharged by means of an alternator-flywheel and rectifier - Three-light headlamp - Tail light with Stop - Horn - Transmission: from engine to gearbox, by gears; from gearbox to wheel, by chain with special cushion drive - Gearbox: in unit with engine - 4 speeds; gears in constant mesh; pedal control with preselector - Clutch: multiplate dics running in bath of oil.
FRAME - Highly resistant steel tubing. Built on smart lines - Front suspension: telehydraulic fork complete with steering dampers - Rear suspension: swinging fork, with adjustable hydraulic shock absorbers - Wheels: spoke type: chromium steel rims with special Sport profile: 18"x2¼" - Brakes: expanding; front, hand operated; rear, brake foot - Drum diameter: front, 180 mm.; rear, 160 mm. - Tyres: 2,75-18; front, ribbed; 3.00-18 with block tread, the rear.
Weight (unladen) . . . . Kg. 111 (lbs. 244.710)
Oil sump holds approx . . . . Kg. 2 (lt. 2.400 = lbs. 4.409)
Fuel tank holds . . . . lt. 17 (imp. gal. 3.3796 = US gal. 4.4909)

DUCATI MECCANICA S.p.A. - CAS. POST. 313 - PHONE: 49.16.01 - BOLOGNA (ITALY)

STUDIO LUCY — LITOGRAFIA SCARANI - BOLOGNA
PRINTED IN ITALY

Oben: Prototyp der Bimota KB1 von 1977. Rechts: Mick Walker mit zwei Ducati 250 Mark 3, ein Foto aus dem Jahre 1969. Das kleine Foto oben rechts zeigt eine Ducati 65 Sport Baujahr 1952.

Unten: Das Bimota-Team 1986. Die DB1 hatte einen Ducati-Motor.

93

Classic

Rechts: Motor der Ducati 239 Mark 3 von 1974. Das große Foto zeigt eine Ducati 450 Mark 3 mit Tourenausrüstung (Sonderzubehör), Modell 1972.

Prototyp der Ducati 450 Desmo, präsentiert 1973.

Ein Trio der Ducati-V-Twins. Links die 750 SS von 1974; in der Mitte eine 900SS von 1981; rechts eine 750 Sport 1974.

Rennaufnahme der 1974er Ducati 750 SS Desmo V-Twin. Links oben: Ducati SD 900 Darmah, 1977. Rechts oben: Vater und Sohn — Rennmodell Ducati Mach 1 (vorne) und die Mike Hailwood Replica.

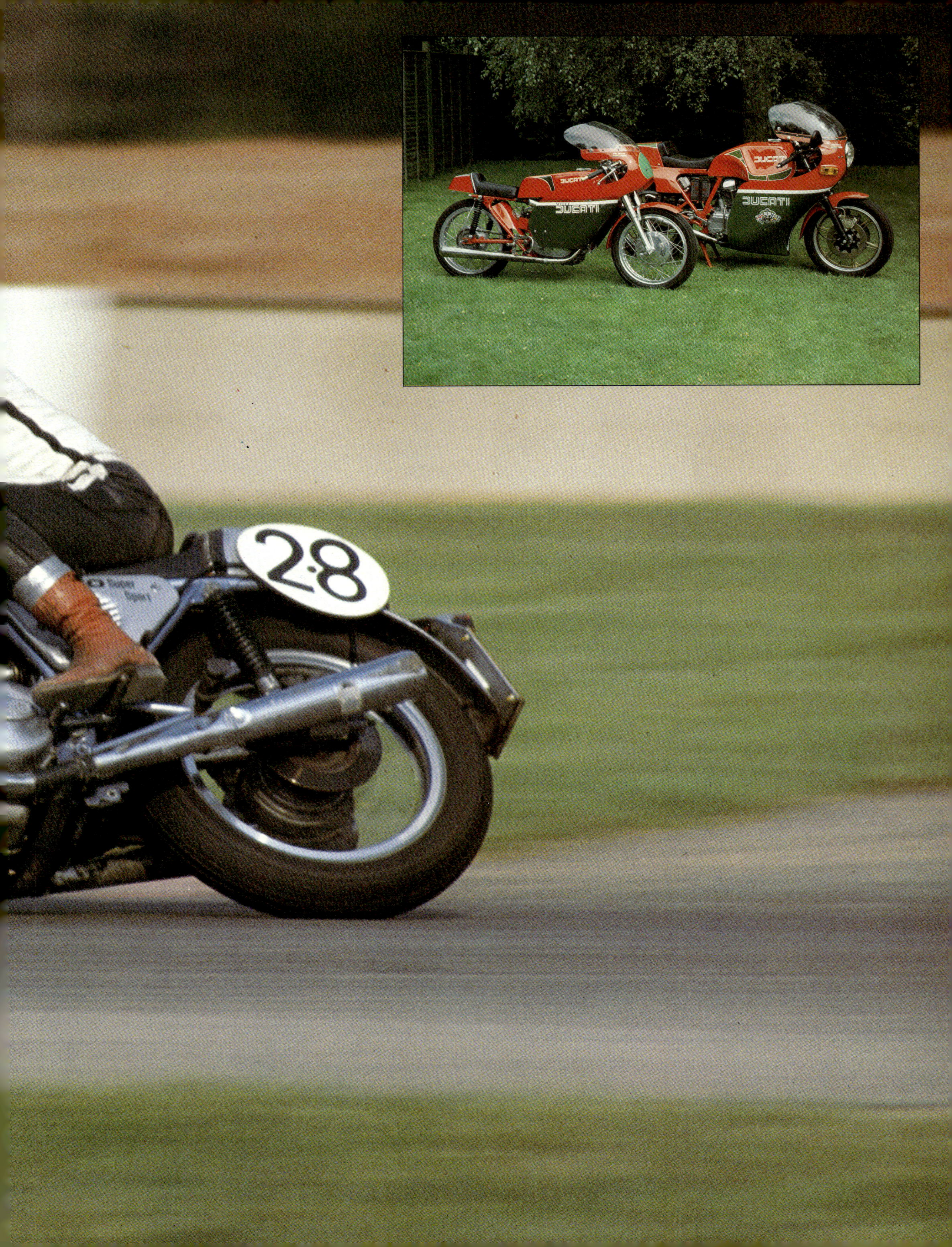
28
Super Sport
DUCATI
DUCATI

YUMA 125

Oben: Italjet 350 Roadmaster von 1981. Rechts eine Laverda 750 SF Baujahr 1971.

Links oben: Moto Aspes Yuma 125 ccm von 175. Links: Gilera Nuovo Saturno von 1988.

Oben eine Laverda 750 SFC Production Racer, 1972;
darunter eine Laverda 250 Chott Enduro, 1975.

Oben eine Laverda 1000 Jota, 1976; unten eine Laverda 500 Montjuich 1980 mit Sonderlackierung.

Großes Foto rechts: Laverda 500 Montjuich 1980 mit Sonderlackierung in Schwarz-Gold. Kleines Bild oben links: Laverda 1000 RGS 1982 mit Zusatz-Gepäckboxen. Kleines Bild oben rechts: MV Agusta 350 B Sport 1971. Kleines Bild rechts unten: MV Agusta 750 S Modell 1972.

Unten: Morini 3 1/2 Sport, 1976; darunter eine Morini 500 Maestro von 1981.

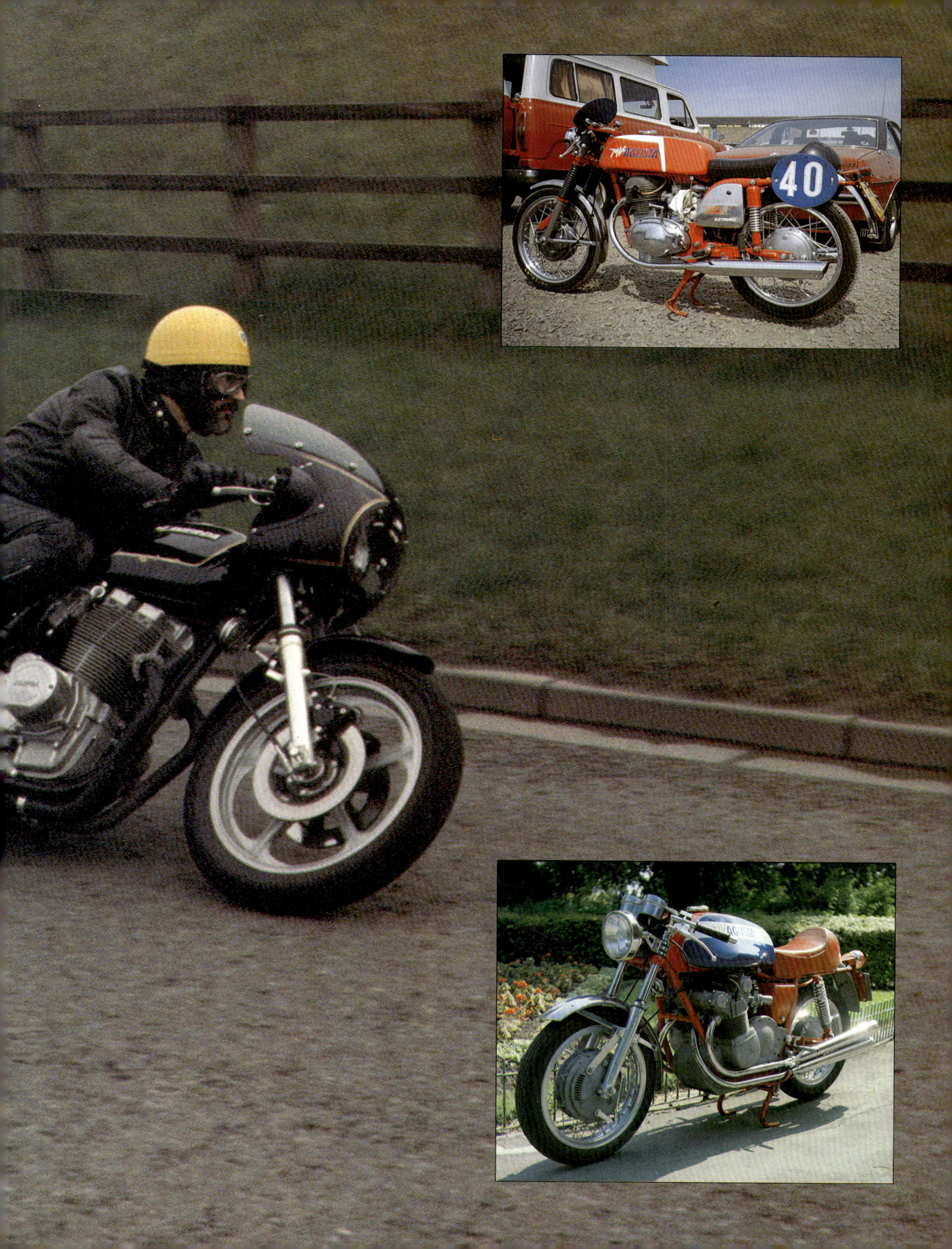
AGUSTA
40
AGUSTA

Oben: Magni-MV Agusta 862 Special, 1978. Unten: Moto Guzzi Le Mans Mark III, 1981.

Moto Guzzi Le Mans Mark I, 1976.

IMN

Eines der ungewöhnlichsten italienischen Motorräder der Nachkriegszeit war die IMN (Industria Meccanica Neapolitana) Rocket. Sie besaß einen revolutionären ohv-Zweizylinder-Boxermotor. Das 200-ccm-Aggregat (52 x 46,5 mm) wies über Stößelstangen betätigte Ventile auf, war 7:1 verdichtet und leistete 11 PS bei 6000/min. Die Höchstgeschwindigkeit betrug 120 km/h. In der großdimensionierten Leichtmetall-Hinterradschwinge verlief die Kardanwelle. Der komplette Motor bewegte sich um den Anlenkpunkt des Hinterrades mit; der Rahmen bestand aus einer Doppelrohrkonstruktion. Die Stückzahlen der IMN blieben gering.

Iso

Schnittzeichnung des Iso-Doppelkolbenmotors — hier ein 125-ccm-Aggregat für Motorräder und Motorroller. Bohrung und Hub maßen zweimal 38 x 55 mm. Das Bild zeigt — wie an der Gebläsekühlung zu erkennen — die Rollerversion. Auffallend der seitlich montierte Vergaser, der Primärantrieb über Kette und das Dreiganggetriebe.

motore *Iso*

due tempi · cilindro sdoppiato · cilindrata cm.³ 125 · corsa mm. 55 · alesaggio mm. 38 x 2 · potenza HP 7 · giri al minuto 5200 · rapporto di compressione 6,5 : 1.

ISO

Iso wurde 1939 von Renzo Rivolta in Bresso gegründet, doch durch den Ausbruch des Krieges kam es nicht zu der geplanten Zweirad-Produktion. Erst 1948 nahm das Unternehmen als Iso Autoveicoli SpA die Motorradfertigung auf. Das größte Modell war die Iso 200, die hier auf dem Mailänder Salon im Dezember 1952 zu sehen ist. Außer durch ihren markanten 199-ccm-Motor (44x64 mm) fiel die Iso 200 durch ihre Vorderradgabel mit vorversetzter Radachse, eine Geradweg-Hinterradfederung, 16''-Räder und Kardanantrieb auf.

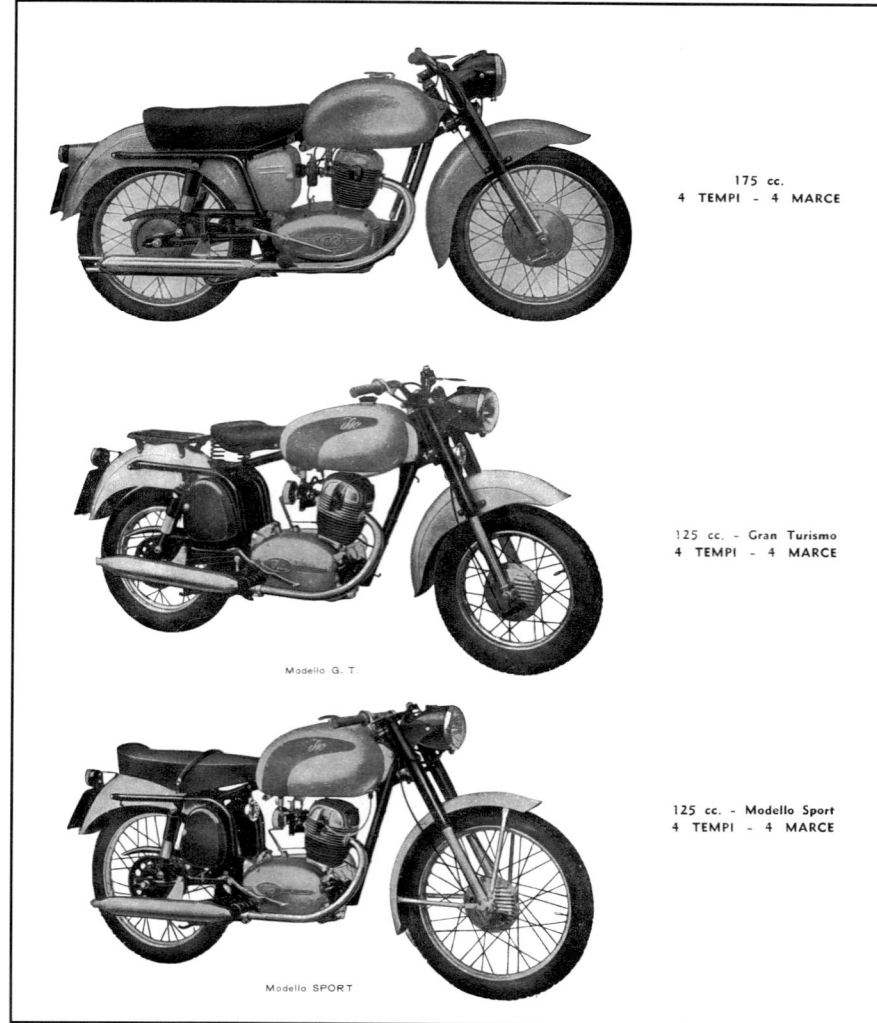

1961 besaßen alle Iso-Motorräder Viertaktmotoren mit hängenden Ventilen (wie hier im Firmenprospekt zu sehen); Spitzenmodell war die 175er. Ihr Motor (60x61 mm) leistete 8,3 PS bei 6200/min und war für 105 km/h gut. Daneben waren zwei 125er als Gran Turismo und Sport im Programm. Iso hob sich gegenüber den meisten italienischen Herstellern im Rahmen-, Fahrwerk- und Reifenbereich deutlich von den gängigen Normen ab. Beide 125er besaßen den gleichen 123-ccm-Motor (53,5x55 mm) mit Vierganggetriebe, doch die Sport hatte einen größeren Vergaser. Bekannter wurde die Marke Iso durch die Isetta sowie durch die ab 1962 produzierten Luxusautos wie den Iso Rivolta.

Italemmezeta

Leo Tartarini war einer der wichtigsten Männer im italienischen Motorradbau nach dem Kriege. 1932 als Sohn eines ehemaligen Straßenrennfahrers geboren, erwarb er Anfang der 50er Jahre sein Ingenieursdiplom an der Universität Bologna. Damals entstand auch sein erstes Motorrad, ein Eigenbau mit BSA-Motor. Mit dieser Maschine holte er sich 1952 in der Gespannklasse den Sieg beim Rennen Milano-Taranto. Im folgenden Jahr wurde er durch seinen Gesamtsieg auf einer Benelli Leocino in ganz Italien berühmt. Noch weitere Siege sollten folgen, so auf einer Werks-Ducati beim 24-Stunden-Marathon von Barcelona. Sogar für eine Weltreise mit einer 175er ohc-Ducati hatte er 1957/58 Zeit. Als sein Vater tödlich verunglückte, übernahm Leo die väterliche Firmengruppe (diese umfaßte u.a. verschiedene landwirtschaftliche Betriebe und die Citroën-Vertretung für Italien). Sein Herz gehörte jedoch den Motorrädern, weshalb er 1961 ein Motorradunternehmen gründete. Als erstes Modell kam eine Kombination eines 125er MZ-Zweitaktmotors mit italienischem Fahrgestell heraus — die Italemmezeta Sport Junior.

Italjet

1965 hatte Tartarini die Firma Italjet als Nachfolger von Italemmezeta gegründet. Nach seiner 500er Grifo gedachte Leo Tartarini eine größere Version auf die Räder zu stellen, ebenfalls Grifo genannt. Sie erhielt den 649-ccm-Motor der Triumph Bonneville, ein Dampfhammer, der 54 PS bei 7300/min entwickelte. Die Maschine war 170 kg schwer und bot Liebhabern eine interessante Alternative zum serienmäßigen englischen Paralleltwin. Preislich lag die Grifo etwa auf der Höhe der importierten Bonneville. Anschließend brachte Tartarini einige Modelle mit Yamaha-Motor (125- und 200-ccm-Zweitakttwins) heraus und stieg in den 70er Jahren schließlich ganz auf Leicht- und Jugendmotorräder rein italienischer Konstruktion um.

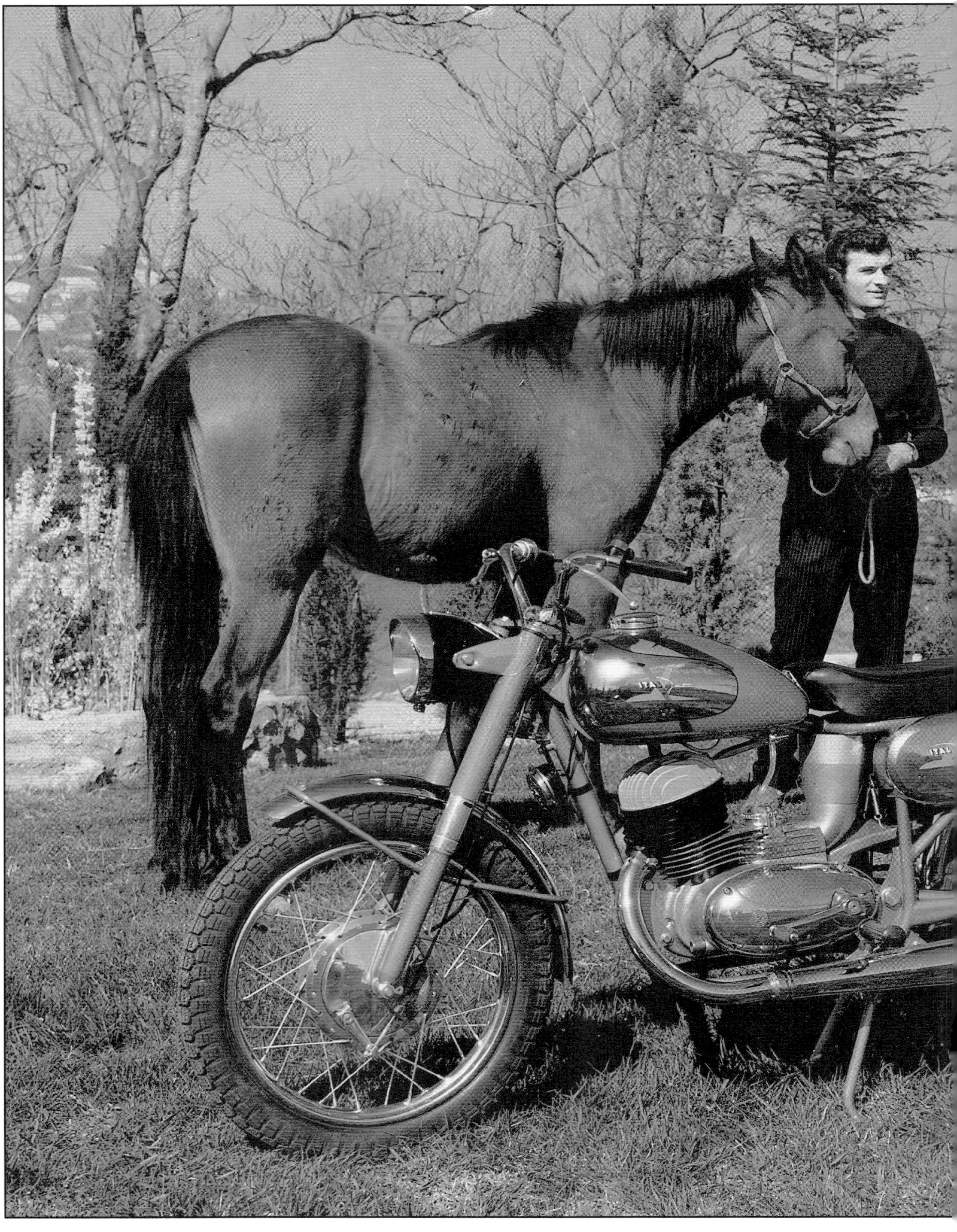

ITALJET

Oben: Im Laufe der Jahre brachte Tartarini eine Reihe bildschön gezeichneter Motorräder heraus (er entwarf auch die Ducati Darmah- und Sport Desmo-Paralleltwins). Daher war die Fachwelt geschockt, als er auf dem Mailänder Salon 1981 seine bizarren Roadmaster präsentierte, von einem wassergekühlten Motor auf Basis des 330-ccm-Zweitakters (83,7 x 60 mm) angetrieben, wie er früher in der Italjet-Trialmaschine saß. Die Roadmaster 350 in Silbergraumetallic oder Goldmetallic wies Räder im Honda-Stil auf, hatte gelochte doppelte Scheibenbremsen vorne, einen quadratischen Scheinwerfer, Einzelsitzflächen auf der Sitzbank sowie nicht sehr attraktive Kunststoffverkleidungen für Kühler und Motor.

Links: Erstes Modell dieser Marke war die Grifo mit dem 490-ccm-Paralleltwin der Triumph T100SS. Darauf folgte die 125 America mit schlitzgesteuertem 124-ccm-Zweitaktmotor von CZ mit 9 PS und 100 km/h Spitze. Im Gegensatz zu der Italemmezata mit MZ-Motor sprach die CZ Italjet von 1967 eindeutig Tourenfahrer und nicht Nachwuchsrennfahrer an.

ITALJET

Neben dem 350er Zweitakter baute Italjet auch einen 322-ccm-Viertakter (80 x 64 mm) mit Vierventil-Zylinderkopf. Aufgrund Tartarinis enger Verbindung zu Ducati ging das Gerücht um, dieser Motor sei im größeren Ducati-Werk nach Tartarinis Vorgaben konstruiert und gebaut worden. Er tat in den Modellen Boss, Scott Excursion und Ascot (Foto) seinen Dienst. Die Boss war eine Art Custom-Modell, die beiden anderen waren für Straße bzw. Gelände konzipiert worden.

Itom

Liebhaber italienischer Maschinen in England konnten Mitte 1964 eine Itom Competition Mark 7 mit 49-ccm-Motor für 139 Pfund Sterling ordern. Im Gegensatz zu älteren Itom-Modellen wartete dieses Motorrad mit dem »Luxus« eines Vierganggetriebes mit Fußschaltung anstelle des Dreiganggetriebes mit Handdrehschaltung nach Art der Motorroller auf.

ITOM, LAMBRETTA

Interessiertes — und teilweise auch weniger interessiertes — Publikum auf dem Itom-Stand in Earls Court, London, im November 1966. Blickfang der Ausstellung war das Rennmodell Mark 8 mit Expansionskammer-Auspuffanlage, weißer Verkleidung, Vorderradbremse mit Luftleitblech sowie getuntem Motor für 195 Pfund Sterling. Im Vordergrund eine weitere Mark 8 in Supersport-Straßenversion für 119 Pfund — die Verkleidung kostete einen Aufpreis.

Lambretta

In der Einleitung zu diesem Buch wurde auf die Erfolgswelle der italienischen Roller ausführlich eingegangen. Dieses Foto entstand auf einer Motorroller-Rallye auf der Isle of Man, wo Mrs. M. J. Steele am Lenker ihrer Lambretta LD 150 gerade zur »Miss Scooter Girl 1958« gekürt wurde. Mit den Weißwandreifen und allerlei Chromzubehör ist diese Lambretta ein typischer Vertreter seiner Gattung der fünfziger Jahre.

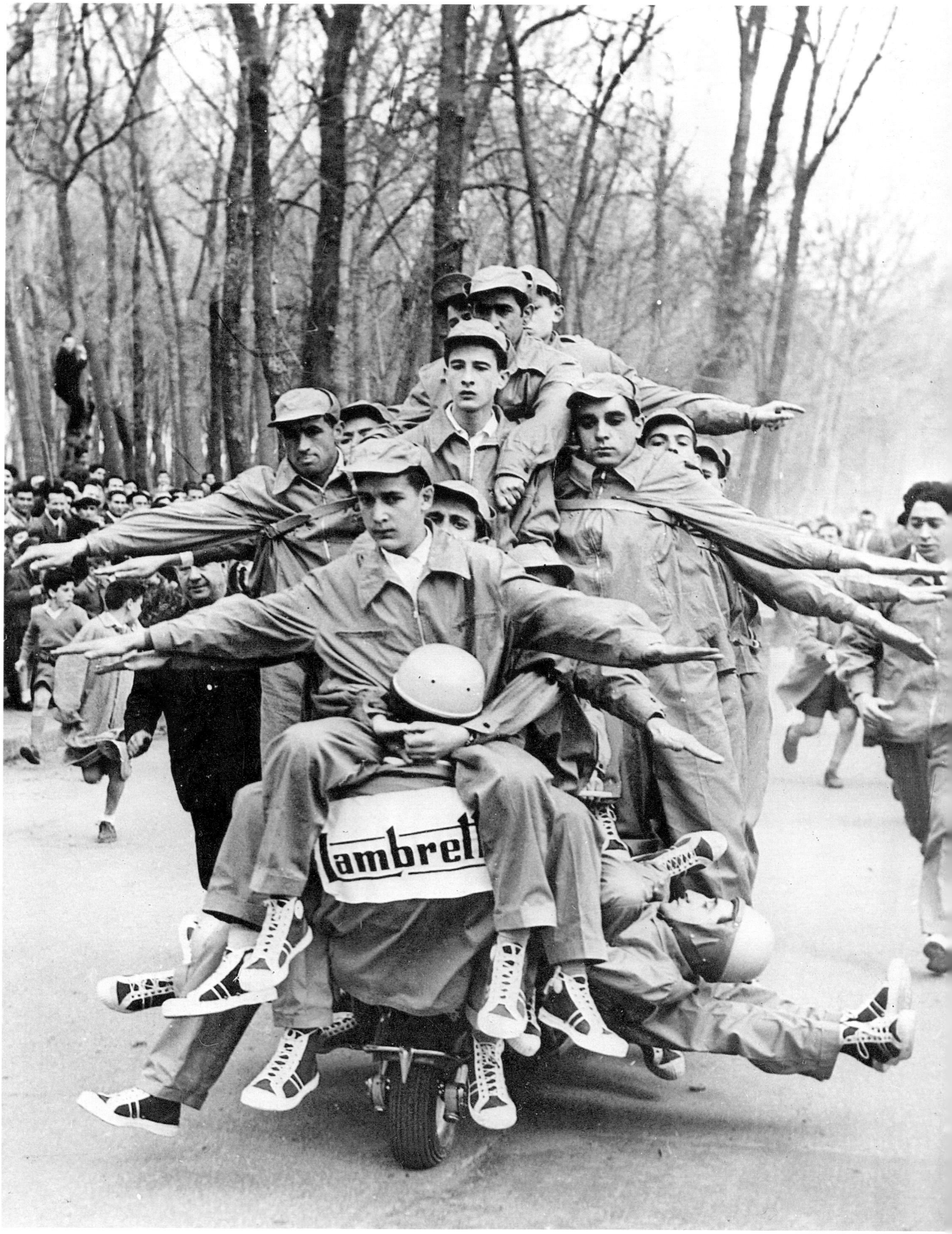

Laverda

Die erste Laverda erschien 1948. Für Konstruktion und Bau des Prototyps benötigte Francesco Laverda fast ein ganzes Jahr. Ursprünglich sollte daraus keine Serienmaschine, sondern ein Motorrad für den Eigenbedarf werden. Erst als Freunde im norditalienischen Städtchen Breganze die Maschine sahen, schlug dank ihrer Begeisterung (und Bestellungen!) die Geburtsstunde einer berühmten Marke. Die Konstruktion des mit dem Getriebe und Hinterradaufhängung zu einer Einheit verblockten 75-ccm-Motors (46 x 45 mm) wirkte geradezu genial.

Rechts: Mit 52 mm Bohrung und 47 mm Hub wurde 1954 aus der Laverda 75 das Modell 100. Schon bald war sie bei der Konkurrenz gefürchtet — nicht allein wegen ihres Verkaufserfolges, sondern auch bei Langstrecken-Straßenrennen. 1956 hatte Laverdas Ruhm beim Milano-Taranto-Rennen und dem Giro d'Italia allerdings ein Ende, als die ohv-75er und 100er von Konkurrenzmodellen mit obenliegender Nockenwelle besiegt wurden. Noch 1957 sicherten sich Laverdas jedoch Klassensiege in ihren Kategorien. In der Serienfertigung lief die 75er 1958 aus, zugleich debütierte die modernisierte Gran Turismo 100 (Foto), die bis weit in die 60er Jahre im Programm blieb.

Links: Eine Gruppe Italiener demonstriert, daß eine Lambretta nahezu problemlos jedes Gewicht befördert. In den 50er und frühen 60er Jahren setzten Lambretta und Vespa Millionen ihrer Zweiräder an eine rollersüchtige Klientel in aller Welt ab. Rallies und Clubtreffen waren außerordentlich beliebt — sogar Motocross- und Rennveranstaltungen für Motorroller wurden organisiert!

LAVERDA

1951 verkaufte sich die Konstruktion Francesco Laverdas in beachtlichen Größenordnungen und fand auch in der italienischen Motorradpresse gebührende Anerkennung. Vor allem die neueste Version der ohv-75er wurde von der Presse gelobt — nicht zu Unrecht, denn immerhin kamen alle vier zum 1125 km langen Rennen Milano-Taranto gemeldeten Maschinen ins Ziel. Im Vergleich zur Erfolgsquote weit größerer Hersteller war dies eine beachtliche Leistung. Gegenüber dem Prototyp von 1948 hatte die Serienversion von 1951 einen neuen Rahmen erhalten und wirkte dadurch wesentlich gefälliger.

Zur Ergänzung der mittlerweile doch schon bejahrten Einzylinder führte Laverda Anfang der sechziger Jahre eine Vielzahl völlig unterschiedlicher Modelle ein: einen 200er ohv-Twin, einen besonders hübschen Roller mit 60-ccm-Viertaktmotor (der in Spanien von Montesa in Lizenz produziert wurde) sowie dieses 49-ccm-Zweitakt-Moped. Das Bild zeigt den Prototyp von 1963 mit fahrradähnlicher Vordergabel und Seilzug-Scheibenbremsen. Die 1964 bis 1967 angebotene Serienversion behielt zwar diese Scheibenbremsen bei, bekam jedoch eine robustere Telegabel. Das 49-ccm-Moped von Laverda verkaufte sich nicht in allzu großen Stückzahlen, fand wegen seiner Leistung und Zuverlässigkeit jedoch allgemeine Anerkennung.

LAVERDA

Mitte der 60er Jahre ging Francesco Laverdas ältester Sohn Massimo zur weiteren Ausbildung in die USA. Dort beeindruckten ihn die Erfolge Hondas — vor allem die Verbreitung der 305-ccm-Zweizylinder Hawk — sowie die starke Marktposition der englischen Paralleltwins und auch der BMW R50/60. Er nahm sich vor, das »perfekte Motorrad« zu bauen — eine Kombination aller drei Konzepte. Nach seiner Rückkehr 1965 entstand daraus ein brandneuer 650er Twin. Zwei Jahre später war auf dem Mailänder Salon ein Prototyp einer 750er mit 743 ccm Hubraum (80x74 mm) zu sehen, der ab 1968 in Serie ging. Unser Bild zeigt eine 750 SF von 1972 mit den typischen riesigen (und verzögerungsstarken) Laverda-Trommelbremsen.

Der Laverda-Parallel-Twin mit kettengetriebener obenliegender Nockenwelle, zwei Dell'Orto-Vergasern, 12-Volt-Elektrik und Fünfganggetriebe. Die vorne angeordnete Lichtmaschine wurde über einen Keilriemen angetrieben, der Anlasser hinter den Zylindern über eine Kette.

LAVERDA

Oben: Nahaufnahme des Triebwerks der 750 SF. Deutlich erkennt man das Ausgleichsrohr zwischen den Auspuffrohren und Schalldämpfern, das Hinterrad-Fußbremspedal, den Drehzahlmesserantrieb, die Fiamm-Druckluftfanfaren, das Seitenblech, hinter dem sich Batterie und Luftfilter verbergen, die 36-mm-Dell'Orto PHF-Vergaser und den Benzinhahn. Die Unterbrecher sitzen hinter dem runden Deckel unten am Gehäuse.

Rechts, kleines Foto: Der serienmäßige 750 SFC »Production Racer«, hier als Modell 1975 mit Dreifach-Scheibenbremsen und elektronischer Zündung. Mit der orange/silberfarbenen Lackierung begründete die SFC zusammen mit anderen Klassikern wie der Ducati 750 SS und Moto Guzzi Le Mans Mark 1 das Charisma, das alle italienischen Motorräder der 70er Jahre umgab. Die SFC entwickelte rund 70 PS und war für über 210 km/h gut.

Großes Bild: Diese SFC unter Steve Elliot kam noch 1984 gegen die neueste Konkurrenz aus Japan in einem Marlboro-Production-Rennen auf den 5. Platz und bewies damit, daß sie auch zehn Jahre nach ihrer Fertigung noch eine ernstzunehmende Größe darstellte.

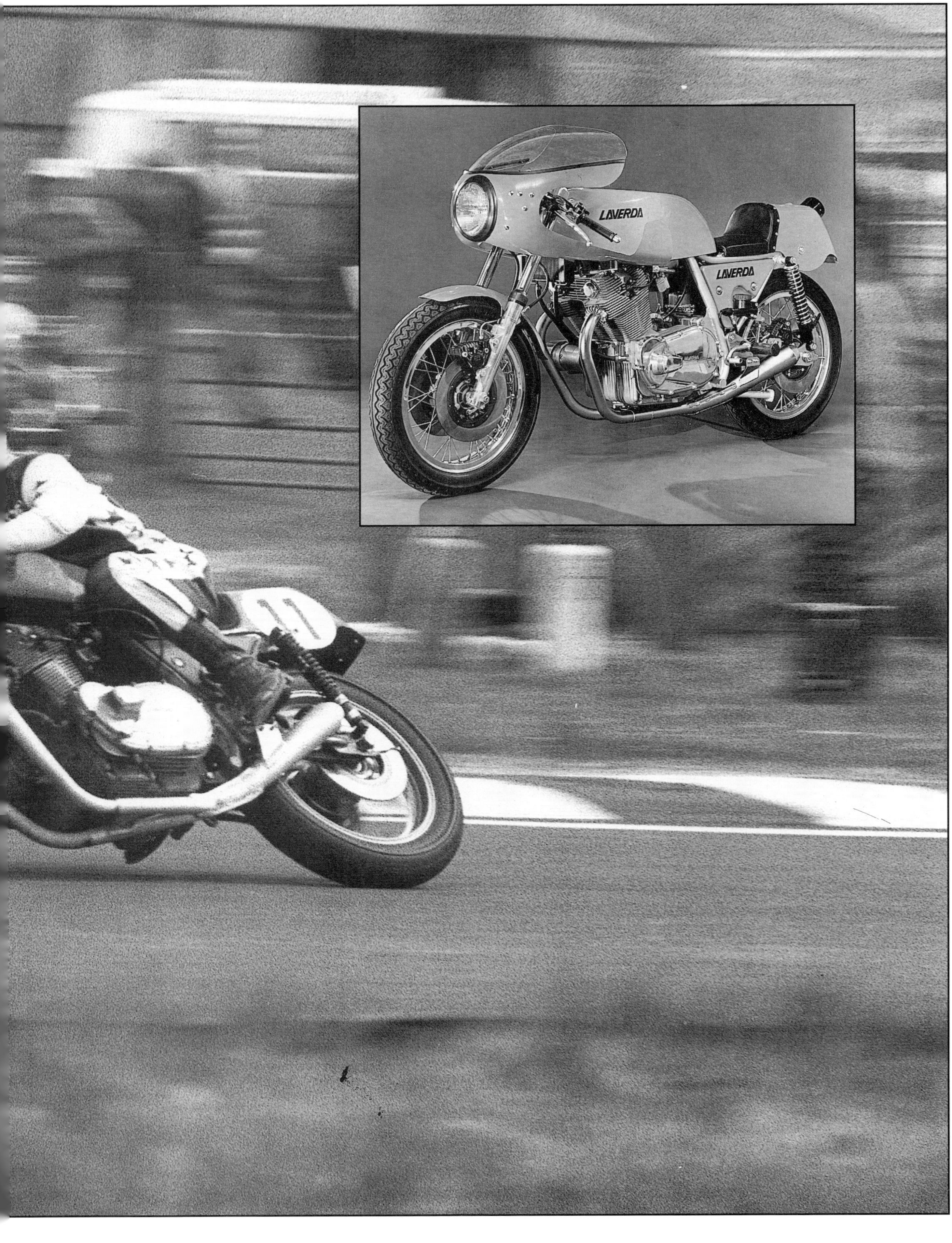
LAVERDA
LAVERDA

Oben: Die Jota entstand auf dem Zeichentisch des englischen Laverda-Importeurs Roger Slater. Er sah eine steigende Nachfrage nach einer sportlicheren Version des serienmäßigen Modells 3C voraus. *Motor Cycle* stoppte die Maschine in einer Richtung mit 225,37 km/h (die schnellste getestete Maschine seit 1976). Die Leistung wurde mit 90 PS bei 7600/min angegeben. Weitere Details: quer eingebauter Dreizylinder-Reihenmotor mit 981 ccm (75 x 74 mm), zwei obenliegende Nockenwellen, Naßsumpfschmierung mit Zahnradpumpe und Ölkühler, Verdichtung 10:1, drei Dell'Orto-Vergaser 32 mm. Fünfganggetriebe, Triplex-Primärkette mit Kettenspanner, Lamellen-Ölbadkupplung. Elektronische Bosch-Zündung, 12-Volt-Anlage, Drehstromlichtmaschine 125 W.

Das große Foto rechts zeigt Peter Davis im Sattel einer schnellen, natürlich etwas modifizierten Straßen-Laverda aus der Avon Production-Serie von 1974 beim Hutchinson 100-Meilen-Rennen, bei welchem er auf den 2. Platz kam.

Foto ganz rechts oben: Dieser Dreizylindermotor eines 1000-ccm-Laverda-Prototyps tauchte Anfang 1970 auf. Er wies zwei obenliegende, über Kette angetriebene Nockenwellen auf der rechten Seite (nicht auf der linken Seite, wie bei den meisten Serienmodellen) auf.

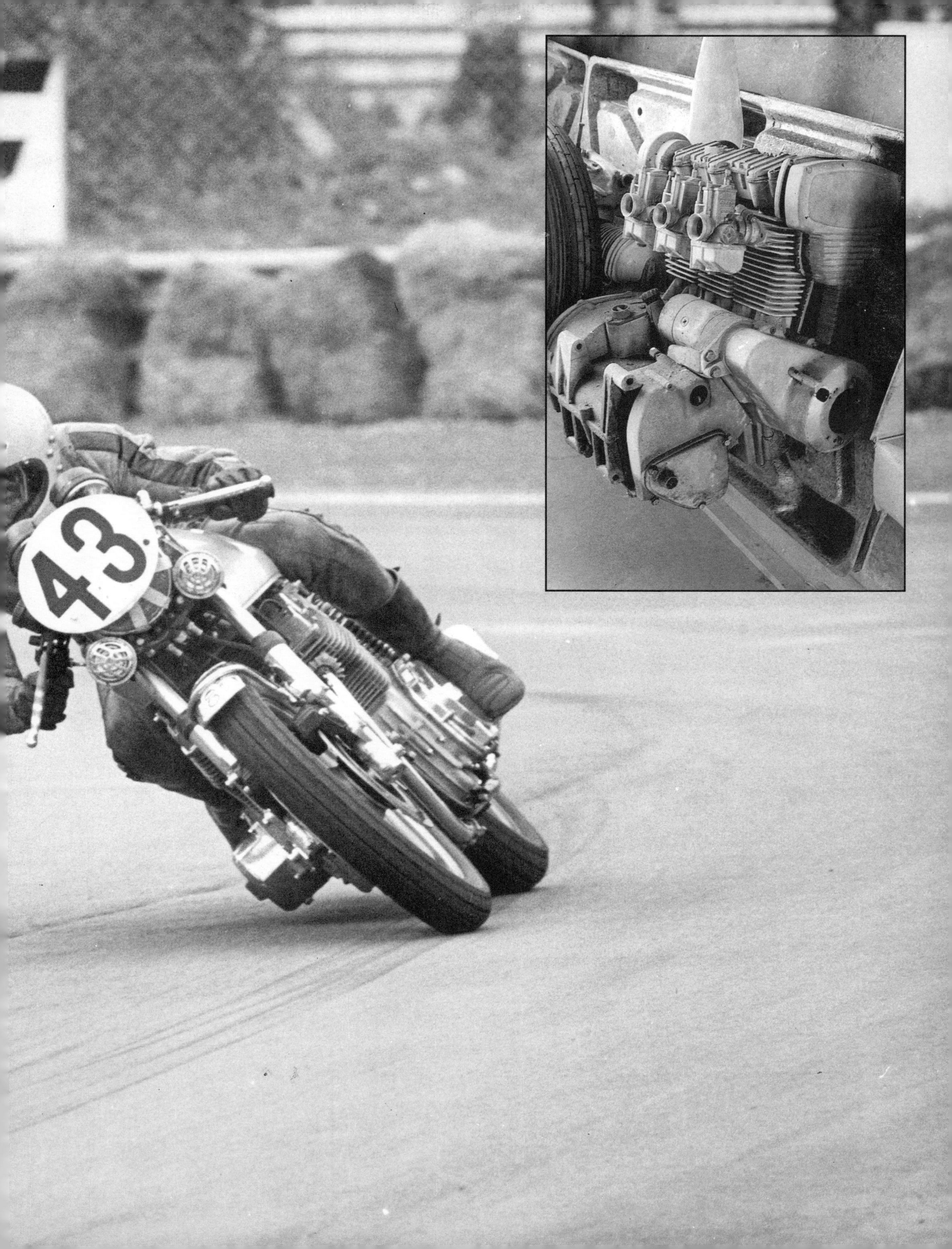
43

LAVERDA

1977 geriet die Laverda Jota in der Avon-Serie unter zunehmenden Druck durch die Moto Guzzi Le Mans. Nach dem Reglement durften die V-Twins aus Mandello auf bis zu 1000 ccm aufgebohrt werden (serienmäßig betrug der Hubraum 844 ccm). Nicht zuletzt deshalb holte sich dieses Jahr eine Guzzi und nicht die Laverda den Meistertitel. Die Firma Sports Motorcycles aus Manchester hatte je eine Ducati 900SS, Guzzi Le Mans und Laverda Jota für die Avon-Serie gemeldet. Abgebildet ist Roger Taylors Jota.

Das erste Ergebnis der Zusammenarbeit mit den schwedischen Husqvarna-Werken — die Husqvarna wurde damals von Laverda nach Italien importiert — war ein 125-ccm-Enduro-Modell mit einem Husqvarna-Motocross-Motor und Sechsganggetriebe. Bald darauf folgte die 250 WR, ebenfalls mit Husqvarna-Motor und Sechsganggetriebe. Diese beiden Modelle entstanden im Rahmen eines Kooperationsabkommens zwischen Husqvarna und Laverda; das Projekt verlief allerdings im Sande, nachdem die Pläne von Husqvarna, die Laverda-Straßenmodelle in den USA zu vertreiben, 1977 auf Eis gelegt wurden.

LAVERDA

Ein anderer Fremdmotor, der Ende der 70er Jahre in der Laverda zum Einbau kam, war ein Aggregat von Zündapp. Zwei Motorvarianten standen zur Wahl: ein 125er...

... und ein 175er. Beide waren als wassergekühlte Einzylinder-Zweitakter mit Schlitzsteuerung konzipiert. Der 175er hatte 163 ccm Hubraum (62 x 54 mm), war 7,8:1 verdichtet und leistete mit einem 28er Mikuni-Vergaser 17 PS bei 7400 Touren, was für fast 112 km/h gut war. Der Zündapp-Motor erwies sich als ausgesprochen robust und langlebig. Die Kombination eines italienischen Rahmens mit einem deutschen Antriebsaggregat ergab ein unverwechselbares, leichtes Gefährt.

LAVERDA

Nach dem Erfolg des 750er Twin und 1000er Dreizylinder suchte Laverda nach einer Abrundung des Viertakter-Programms nach unten. So erschien 1977 ein 350er und ein 500er Twin. Die Alpino besaß einen 497-ccm-Paralleltwin (72 x 61 mm) mit vier Ventilen pro Zylinder, zwei obenliegenden Nockenwellen und Tassenstößeln sowie einer Leistung von 44 PS bei 8000/min. Mit 167 km/h Spitze konnte sie mit der Honda CX500 konkurrieren.

Die Laverda 500 Alpino sah gut aus, vor allem in schwarz/goldener Lackierung. Außer der Vierventil-Konstruktion war auch das Sechsganggetriebe (zumindest für eine 500er) ein ungewöhnliches Detail. Im Vergleich zum ähnlich konzipierten 500 Sport Desmo-Paralleltwin von Ducati zeigte sich die Laverda als praktischer Tourer und übertraf die Ducati in punkto Verarbeitung, Instrumentierung, Schalter und elektrischer Anlage um Längen.

LAVERDA

Laverda 500 Montjuich — auch dieses Modell war eine Schöpfung des englischen Laverda-Importeurs Roger Slater. Er sah in dieser nur 154 kg schweren Maschine eine moderne SFC zu erschwinglichem Preis. Natürlich besaß sie einen schwarzen 2-in-1-Auspuff; dazu Teilverkleidung, Stummellenker und zurückverlegte Fußrasten. Der getunte Motor war 10,2:1 verdichtet und erhielt ein schärferes Nockenprofil. Die Vergasergröße blieb unverändert.

In den Fahrleistungen war die Montjuich nicht überragend und mit ca. 174 km/h Spitze auch nicht schneller als eine Yamaha 350 LC. Die Gesamtabstimmung machte jedoch das Plus der Maschine aus — wegen ihres geringen Gewichts und der 260-mm-Grauguß-Scheibenbremsen von Brembo bot sie eine nahezu perfekte Kombination aus nutzbarer Leistung, rennmaschinenähnlichem Fahrverhalten und überlegener Bremswirkung. Die Bodenfreiheit stellte kein Problem dar, vor allem dank der eng anliegenden Auspuffrohre.

LAVERDA

Oben links: Die Laverda Montjuich kam genau zum richtigen Zeitpunkt. Als sie erschien, verkauften sich italienische Motorräder in den Exportländern noch recht ordentlich. Im Gegensatz zu ihren Rivalen — die fast durchweg zur Superbike-Kategorie gehörten — blieb die Montjuich zudem recht erschwinglich. Eine rege Werbekampagne ließ sie zu einer Art Kultfahrzeug avancieren...

Oben rechts: Eine der Sensationen auf dem Mailänder Salon 1981 war die RGS. Sie sollte Laverda als Luxus-Marke etablieren und hieß bei der Motorradpresse Italiens bald nur noch »Autostrada-Express«. Neuartig war der Benzineinfüllstutzen in der Verkleidung (hinter der Klappe, die auch auf diesem Foto zu sehen ist).

Links: Die ehrfurchteinflößende Laverda 1200 Formula Mirage — nur für harte Männer! Sie kam 1980 heraus, zwei Jahre nach dem Serienmodell. Zur Hubraumvergrößerung auf 1115 ccm hatte man die Zylinder auf 81 mm aufgebohrt. Leider fiel die Premiere mit internen Problemen bei Laverda zusammen, worunter die Qualität der Maschine sehr litt. Eine sinnvolle Neuerung war die hydraulische Kupplung. Die Formula Mirage war zwar sehr schnell, ein Erfolg wie der Jota blieb ihr allerdings versagt, weshalb ihre Produktion bald wieder eingestellt wurde.

LAVERDA

Um die Verkaufszahlen zu beleben, brachte Laverda zur Saison 1983 einige Varianten der 1000er Dreizylinder heraus, so die RGA 1000, RGS Corsa und RGA Jota. Die Jota ist hier beim englischen Importeur Three Cross zu sehen.

Der Motor der Laverda RGA 1000 von 1983. Auffallend ist der saubere Einbau der hydraulischen Kupplung von Brembo und die Exzenter-Fußrasteneinstellung.

LAVERDA

Teil des Laverda-Programms von 1983. Von links nach rechts: RGS 1000, RGS 1000 Corsa und RGA 1000. Die Corsa besaß einen getunten Motor und eine Schwimmsattel-Scheibenbremse mit speziellen Brembo-Bremssätteln. Die RGA war als vereinfachtes Einsteigermodell konzipiert.

Die Formula Laverda 125 war für italienischen Nachwuchsrennklassen gedacht und basierte auf verschiedenen Leichtmotorrädern mit wassergekühltem Einzylinder-Zweitaktmotor mit 124 ccm Hubraum (54x54 mm) und Fünfganggetriebe. Die Serienmodelle kamen auf 18 bis 20 PS, die Formula auf 25 PS, was für rund 160 km/h reichte. Das Bild zeigt das Modell 1985.

Magni

Seit über vier Jahrzehnten gehört Arturo Magni (hier mit seinem Sohn Giovanni beim Mailänder Salon im November 1987) zu den führenden Köpfen der italienischen Motorradszene. Er war einst Rennmechaniker bei Gilera und ging Ende 1949 zu MV Agusta. Während des nächsten Vierteljahrhunderts war er für das MV-Rennteam zuständig und stand hinter den zahlreichen Weltmeisterschaften und Grand-Prix-Siegen der Marke. Später nahm Arturo Magni die Herstellung eigener Maschinen auf. Die ersten Motorräder mit seinem Namen besaßen Honda- und BMW-Motoren, dann kamen Moto-Guzzi-Motoren zum Einbau.

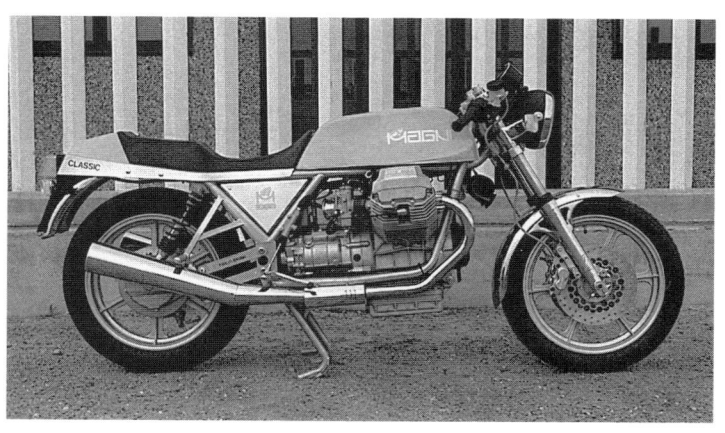

Mit über 240 km/h gehört die Magni Le Mans zu den schnellsten je gebauten italienischen Motorrädern mit Straßenzulassung. Arturo Magni verwendete hierfür einen 948-ccm-Twin von Moto Guzzi in einem selbst konstruierten Rahmen. Auffallend ist die hintere Parallelogrammgabel, die Einflüsse der Drehmomentreaktionen vom Kardanantrieb ausgleichen sollte. Interessant auch die 40-mm-Gasdruckgabel mit Anti-Dive von Forcella Italia, die EPM-Gußräder, Gürtelreifen, Dreifach-Schwimmsattelbremsen sowie das Eigengewicht von 206 kg. Das rechte Foto zeigt die abgemagerte Magni Le Mans Classic, fast noch attraktiver als das Original...

Malaguti

Die 1930 gegründete Firma Malaguti baute zu Beginn der 50er Jahre ihr erstes Motorzweirad mit 38-ccm-Motor von Garelli. Bis auf ein kurzes Intermezzo mit einem 123-ccm-Zweitakter von Morini konzentrierte sich Malaguti stets auf die 50er Klasse. Maschinen wie diese 49 ccm Cavalcone von 1975 brachten Malaguti unter die Spitzenreiter im Moped- und Kleinkraftradbau. Die Cavalcone war sowohl mit Pedalen als auch mit Kickstarter (Foto) lieferbar.

Parallel zur Cavalcone produzierte Malaguti auch die Olympique. Beide besaßen den 49-ccm-Motor (38,8 x 42mm) von Franco Morini mit Sechsganggetriebe, der 4 PS bei 7900/min abgab. Die Olympique fand mit ihrem verchromten Auspuffrohr, den matt-schwarzen Doppelschalldämpfern, dem großen Tank mit rennmäßiger Auflage sowie Rennsattel begeisterte Aufnahme bei jüngeren Fahrern. In ungedrosselter Version kam dieses Modell auf über 80 km/h. Nach Inkrafttreten entsprechender Bestimmungen mußten ab 1976 Hersteller wie Malaguti ihre Rennhornissen in zahme Bienchen verwandeln, womit das Rennen für sie dann gelaufen war.

Maserati

Nach Ferrari ist Maserati die wohl feinste Autoschmiede Italiens. Diese Nobelmarke war einst auch der Zweiradwelt eng verbunden: Carlo Maserati, der älteste der sechs Maserati-Brüder, war 1899 und 1900 in etlichen Motorradrennen auf einer Carcano erfolgreich, die er selbst konstruiert und gebaut hatte. Lange Jahre danach — von 1953 bis 1961 — engagierte sich das zum Konzern gehörende Zündkerzenwerk im Motorradbau und brachte eine Reihe von Zwei- und Viertaktmodellen zwischen 50 und 250 ccm heraus. Das interessanteste Modell von Maserati, ein 246-ccm-Einzylinder (70x64 mm) mit hängenden Ventilen, war auf dem Mailänder Salon 1955 zu sehen. An Besonderheiten hatte diese Maschine u.a. eine mechanische, gekapselte Scheibenbremse vorne, doppelte schrägverzahnte Primärantriebsräder und Doppelzündung aufzuweisen.

MM

Die Firma MM (Initialen der Gründer Mario Mazzetti und Alfonso Morini) entstand 1924 in Bologna und wurde in den Jahren zwischen den beiden Weltkriegen zu einem der renommiertesten italienischen Motorradhersteller. Als erstes Modell kam ein 125-ccm-Rennmodell mit Zweitaktmotor heraus. Zur Stütze der Marke entwickelten sich in den dreißiger Jahren indes die 350- und 500-ccm-Viertakter mit stehenden oder hängenden Ventilen. Morini gründete 1937 sein eigenes Unternehmen, während MM noch nach dem Krieg weitgehend unveränderte Modelle anbot. Ein typischer Vertreter dieser Gattung ist diese seitengesteuerte 500er von 1947 mit Parallelogrammgabel und Reibungsstoßdämpfern am Hinterrad. 1957 schloß MM seine Tore.

Mondial

Hier schiebt Remo Venturi, Gesamtsieger des klassischen Renners Milano-Taranto von 1954, seine 175er Mondial an. Venturis Maschine war eine echter Werksrenner mit zwei obenliegenden Nockenwellen; das Straßenzubehör hatte man einzig wegen des Reglements montiert. Erstmals machte Mondial mit seinem Weltmeisterschaftstitel in der 125-ccm-Klasse 1949 von sich reden.

Eine der heißesten Straßenmaschinen von FB Mondial, die auch Kunden ohne Wettbewerbs-Ambitionen ausgeliefert wurde, war die 175 TV Sport. Sie besaß einen ohc-Motor mit Kettenangetriebener Nockenwelle, der mit dem Vierganggetriebe verblockt war. Die 18 PS verhalfen der Maschine zu einer Spitze von fast 145 km/h. Venturis Siegermaschine vom Rennen Milano-Taranto war noch einiges schneller — über 160 km/h!

MONDIAL

175 cc SUPER TURISMO

Nachdem Mondial zum Mailänder Salon 1955 eine 125er ohv gezeigt hatte, präsentierte man schon im Folgejahr eine ähnliche 175er Version — der Bau von ohc-Modellen erwies sich für die Kleinserien des Mailänder Werks als zu kostspielig. Leider gehörte Mondial, obwohl im Rennsport so erfolgreich, nie zu den großen Marken wie Gilera oder Moto Guzzi. Die obengesteuerte 175 Super erreichte 105 km/h, wobei Rahmen, Fahrwerk und Bremsen noch hohe Leistungsreserven boten.

Die Mondial Sogno, die in ihrer Konzeption der Moto Guzzi Galletto und der MV Pullman ähnelte, debütierte auf dem Mailänder Salon 1954. Sie wurde von einem 158-ccm-Einzylinder-Zweitakter (57 x 62 mm) angetrieben und war eine Kreuzung aus Motorrad und Motorroller mit 15''-Rädern, ausladenden Schutzblechen und luxuriöser Ausstattung. Die breite 3,50-Bereifung und die hydraulischen Stoßdämpfer vorne und hinten sorgten für hohen Fahrkomfort, zudem gab es zu den serienmäßigen Trittbrettern noch Motor- und Knieschutz. Die 7 PS, die die Sogno bei 4800/min entwickelte, genügten für eine Höchstgeschwindigkeit von 93 km/h.

MONDIAL

Auf dem Mailänder Salon 1954 gab auch die bisher größte Mondial ihren Einstand, die Constellation 200. Der mit einem Vierganggetriebe kombinierte ohv-Motor von 198 ccm (62 x 66 mm) entwickelte 12 PS bei 6000 Touren. Die niedrige Verdichtung von nur 6:1 ließ ahnen, daß die Constellation als Tourenmaschine (für Soziusbetrieb) gedacht war — schließlich war eine 200er für italienische Käufer damals schon eine »große« Maschine! Einige technische Daten: Doppelschleifen-Rohrrahmen, Telegabel vorne, Hinterradschwinge mit Teleskopstoßdämpfern, 19-Zoll-Räder, Batterie-Lichtanlage, 22-mm-Dell'Orto-Vergaser, Fußschaltung, Tankinhalt 14 Liter. Das ungewöhnlichste Detail war der nach vorn zu betätigende Kickstarter auf der rechten Seite.

Der Motor der Mondial Constellation. Er sah zwar aus wie ein ohc-Aggregat, doch wurden die Ventile auf herkömmliche Weise über Stößelstangen betätigt. Der Motordeckel erinnert an die Motoren der Werksrennmaschinen, die sich 1949, 1950 und 1951 den Weltmeisterschaftstitel sichern konnten.

MONDIAL

Detailaufnahme von Kipphebeln, Stößelschacht und Haarnadelventilfedern des 198er Mondial-Motors.

Das große außenliegende Schwungrad, das der Mondial Constellation zu mehr Schwungmasse und damit zu ausgeprägterer Tourercharakteristik als bei normaler Auslegung verhalf.

MONDIAL

Zur Saison 1956 präsentierte Mondial das Modell Champion, eine preisgünstige 125-ccm-Einzylinder mit hängenden Ventilen und Naßsumpfschmierung. Sie besaß einen Leichtbaurahmen, in dem der Motor als tragendes Teil saß. Im darauffolgenden Jahr erschien mit der 125 Special eine sportlichere Version. Die Originalausführung war als billiges Alltagsmotorrad gedacht, die Special setzte dagegen auf die Mondial-Tradition attraktiver, technisch ausgefeilter Leichtmotorräder. Sie lief annähernd 112 km/h und fand rasch weite Verbreitung. In der Folgezeit entstand daraus eine ähnliche 175-ccm-Version, die es auf stolze 137 km/h brachte.

In den sechziger Jahren setzte der Niedergang bei Mondial ein. Dennoch wartete das Traditionsunternehmen immer wieder mit markanten Maschinen auf, so mit dieser kleinen Record Sport von 1969. Der 48-ccm-Zweitakter besaß ein Vierganggetriebe, einen steil angestellten Vergaser und entwickelte 5 PS.

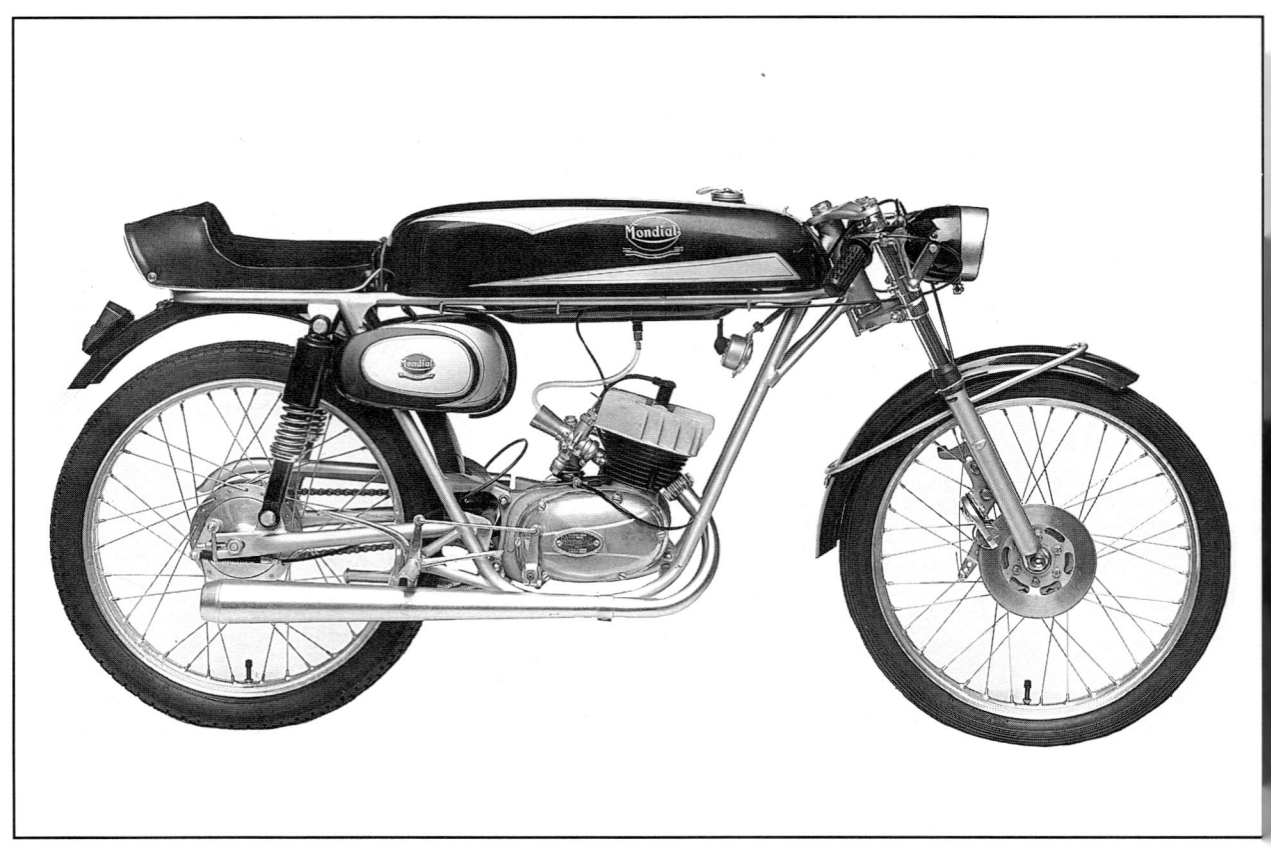

MONDIAL, MORINI

Die einzige neue Mondial im Jahr 1958 war die in Kleinserie produzierte 250 Sport. Sie war von der Constellation abgeleitet und hatte ausgiebige Probefahrten unter Werkstester Silvano Rinaldi absolviert: Ohne besonderes Tuning, nur durch Einbau eines offenen Megaphons statt des serienmäßigen Schalldämpfers, lief sie an die 160 km/h. Lediglich der große Dell'Orto-SS1-Rennvergaser verriet dieses Leistungspotential. Wegen ihres hohen Preises blieb der Mondial 250 Sport ein Erfolg versagt, ihre Produktion wurde Ende des Jahres bereits wieder eingestellt.

Morini

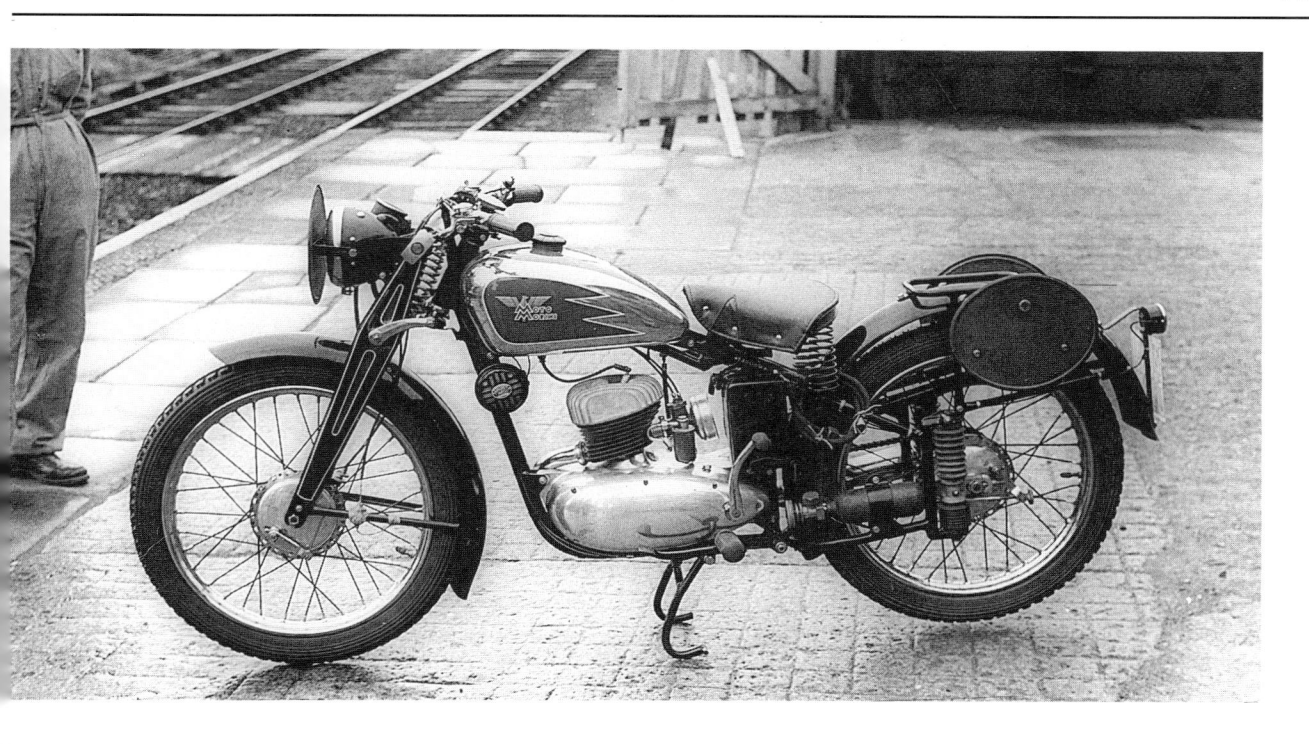

Das erste Morini-Motorrad (das übrigens auf der DKW RT 125 der Vorkriegszeit basierte) erschien 1946. Wie die DKW besaß auch die Morini einen Blockmotor mit Schlitzsteuerung. Dieser Motor bewährte sich in Straßenrennen wie im Off-Road-Sport: Firmenchef Alfonso Morini schickte 1949 ein Trio nahezu serienmäßiger Straßenmodelle zu der Internationalen Sechstagefahrt, die in diesem Jahr in Wales abgehalten wurden und als härteste Zerreißprobe für jedes Motorrad galt. Morini mußte Lehrgeld zahlen, denn nur eine seiner drei Maschinen kam ins Ziel, brachte Fahrer Ernesto Longeni aber immerhin eine Bronzemedaille ein.

MORINI

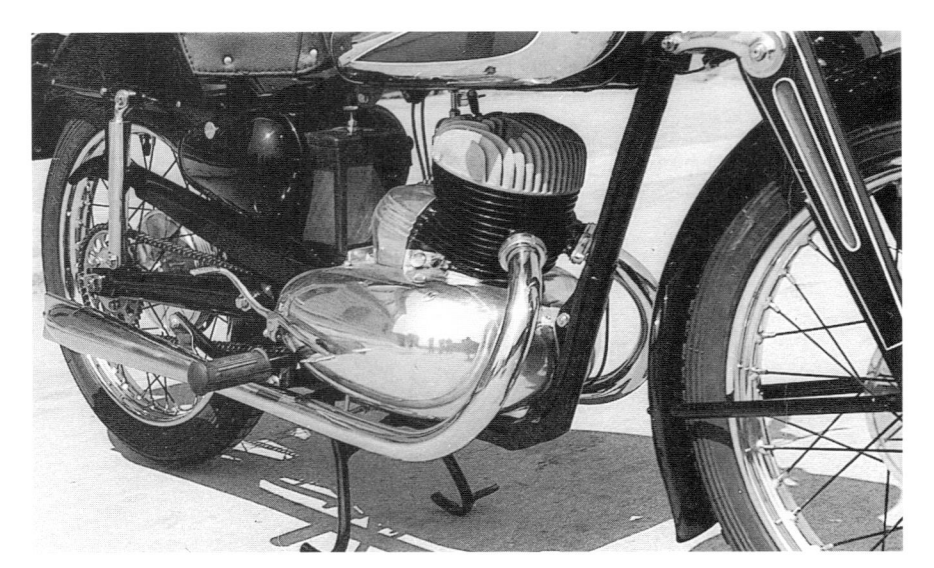

Ebenfalls von 1949 stammte diese Jawa-ähnliche Einzylinder-Doppelportmaschine mit 246 ccm Hubraum. Diesen Motor baute man auch in Lastendreiräder ein, die für das Bologneser Unternehmen in seinen Anfangszeiten ein wichtiger Umsatzträger waren.

Ein ungewöhnliches Gespann: eine 125er Zweitakt-Morini mit Korbgeflecht-Seitenwagen! Diese Aufnahme verdeutlicht, daß in den frühen Nachkriegsjahren manches Motorrad auch in Italien als Familien- und Arbeitsfahrzeug herhalten mußte und oft — wie dieses Exemplar — noch bis in die sechziger Jahre tapfer weiterlief.

MORINI

1950 stellte Morini seine Rennmaschinen auf Viertaktmotoren um, doch erst auf dem Mailänder Salon im Dezember 1952 erschien auch eine erste Viertakt-Straßenmaschine. Diese obengesteuerte 175er in Blockbauweise mit Naßsumpfschmierung und Vierganggetriebe bildete nicht nur den Ausgangspunkt für das Sportmodell Settebello, sondern auch für eine Generation weiterer Modelle wie die Tresette Sprint und Gran Turismo.

Die Morini 175 Settebello. Diese Rennmaschine mit normaler Lichtanlage sollte ein kompetentes Gefährt für Langstreckenrennen wie Milano-Taranto und zugleich ein leistungsfähiges Motorrad für Clubrennen abgeben. Auf Rennstrecken und in den Verkaufszahlen schlug die Settebello voll ein. Sie hatte immerhin einen präzise getunten und prüfstandgetesteten Motor mit eng abgestuftem Getriebe, einen 25er Dell'Orto SS1-Vergaser, Stummellenker, Batteriezündung, konische Bremsnaben, Leichtmetallfelgen, einen 18-Liter-Tank sowie wahlweise Schalldämpfer oder offenes Endrohr zu bieten.

MORINI

Rechts, kleines Foto: Morini 175 Tresette Sprint von 1958. Eine bestechende Maschine, die zugleich das letzte Modell mit ohv-Motor darstellte. Sie war zwar nicht so schnell wie die Settebello, aber noch schnell genug, um die hervorragende Straßenlage und Bremswirkung voll ausnutzen zu können. In ganz Italien verkaufte sich dieses Motorrad in beachtlichen Stückzahlen. Bemerkenswert die Silentium-Doppelschalldämpfer, der Stummellenker mit dem winzigen Fliegenschutz, die Leichtmetallfelgen und der profilierte Benzintank.

Ganz rechts, kleines Foto: Die Corsarino 50 der späten 60er Jahre. Von den Legionen kreischender Zweitakter anderer italienischer Hersteller hob sich dieser winzige ohv-Viertakter wohltuend ab. Die Corsarino war zwar teuer, verkaufte sich wegen ihres einzigartigen Motors und Rennstylings jedoch in relativ großer Stückzahl; lediglich MV Agusta hatte etwas Vergleichbares zu bieten. Später kamen Scrambler- und Tourenmodelle hinzu — alle mit dem gleichen 49-ccm-Motor (41 x 37 mm) und Vierganggetriebe.

Großes Foto: Das italienische Morini-Team vor den Internationalen Six Days 1971 auf der Isle of Man. Morini setzte hier 125- und 160-ccm-Einzylindermaschinen mit hängenden Ventilen ein.

MORINI

MORINI

Vollwertige Rennmaschinen waren die Morini Regolarità 125 und 160. In den Internationalen Six Days wurden sie sowohl von der italienischen Trophy-Mannschaft als auch vom Gelände-Team der italienischen Armee eingesetzt. Der Motor basierte auf dem normalen ohv-Aggregat der Straßenmaschine und war mit 124 ccm (56 x 50 mm) und 164 ccm (60 x 58 mm) Hubraum lieferbar. Beide waren allemal für eine Goldmedaille gut.

Zeichnung der Morini-Werke Anfang der 70er Jahre, als nach dem Tode Alfonso Morinis 1969 seine Tochter Gabriella die Firma übernommen hatte. Zwanzig Jahre später erwarben die Brüder Castiglioni Namensrechte und Werksanlagen der Morinis.

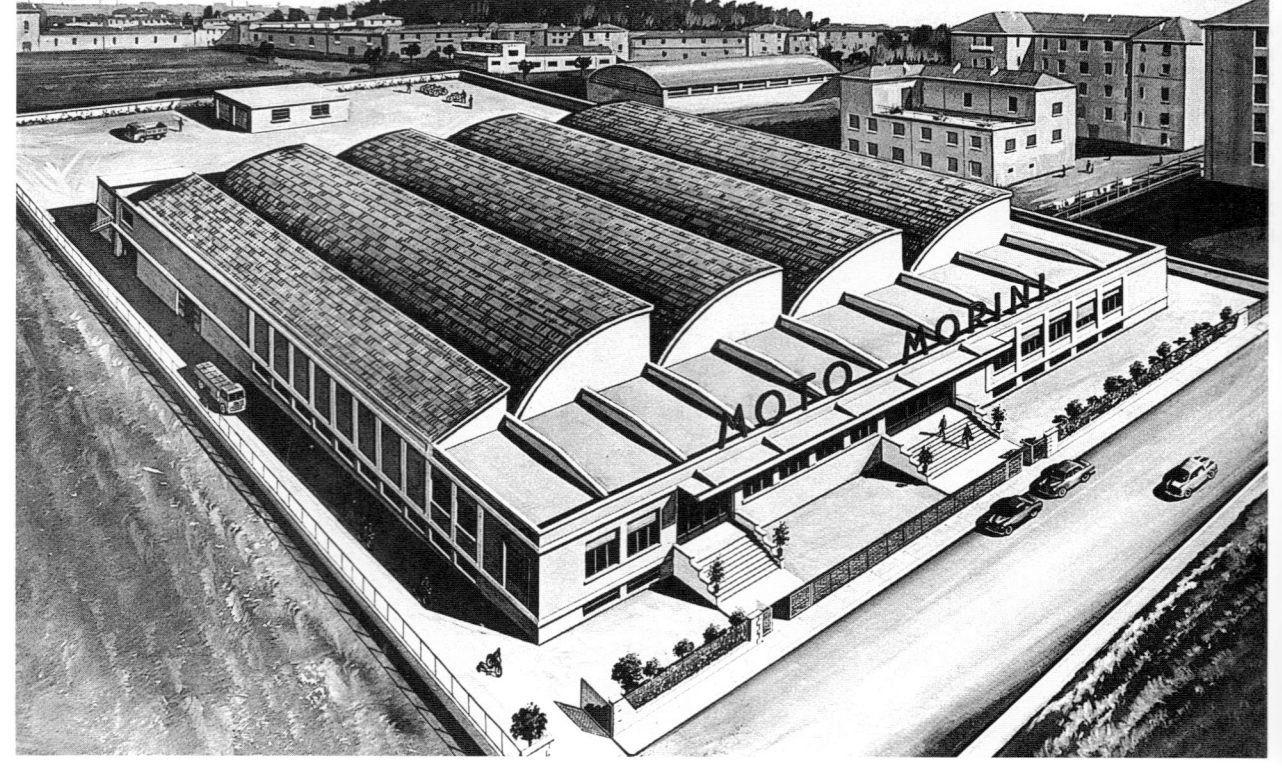

MORINI

1971 erschien der erste Vertreter einer neuen Morini-Generation: Auf dem Mailänder Salon debütierte ein Prototyp des sogenannten Modells 3 1/2. Herzstück der Neukonstruktion war der im 72-Grad-Winkel angeordnete V-Twin mit 344 ccm, der seine Kraft auf ein Sechsganggetriebe übertrug und damit für bis zu 160 km/h gut war. Am Motor fielen vor allem die parallel hängenden Ventile und die Heron-Brennräume auf. Dank ihres geringen Gewichts von 145,5 kg, einer hervorragenden Straßenlage und geringen Verbrauchs eroberte sich die neue Morini rasch eine begeisterte Gemeinde.

Morini war bisher nicht in Großbritannien vertreten gewesen. Mit dem Erscheinen der neuen 350er V-Twins fanden sich jedoch bald etliche Händlerinteressenten. Anfang 1974 übernahm der Harglo-Konzern, von den ehemaligen BSA-Mitarbeitern Wilf Harrison (HAR) und Peter Glover (GLO) als Importeur für ausländische Motorradmarken gegründet, die Generalvertretung für Morini. Neben der niederländischen Marke Batavus war Morini das erste Importprojekt der Firma Harglo. Die Aufnahme zeigt Wilf Harrison (rechts) mit der Strada 350 Anfang 1975 bei einer Ausstellung.

MORINI

Der Zweizylinder der Morini Strada 350 im verschweißten Doppelrohrrahmen. Der Blockmotor hat 62 mm Bohrung und 57 mm Hub. Erkennenbar sind der Dell'Orto VHB-Vergaser mit quadratischem Schieber, ein elektromagnetischer Benzinhahn, rechts angeordnete Schaltung, Aluzylinder und -zylinderköpfe, eine tief verrippte Ölwanne, die Luftführung für den Schwungradmagneten der Ducati Electronica-Lichtzündanlage, ein großes Motorentlüfterrohr, ein Seitenblech mit Schnellverschluß sowie die großdimensionierten Knotenbleche für die vordere Motoraufhängung. Der Wulst am Ansatz der Zylinder verdeckt die riemengetriebene Nockenwelle; die Ventile werden über kurze Stößelstangen betätigt.

Eine frühe Version der 350 Sport. Von dem Modell Strada unterschied sie sich durch eine größere Vorderradbremse mit auflaufendem Backen auf jeder Seite, durch den hydraulischen Lenkungsdämpfer, schmaleren Sitz, Stummellenker und Leichtmetallfelgen. Die Motoren der Sport und Strada waren bis auf die Verdichtung (11:1 bzw. 10:1) jedoch baugleich. Die Lafranconi-Schalldämpfer neigten zu raschem Rostfraß.

Dieses Instrumentarium sah der Fahrer der 350 Sport vor sich. Ein Journalist nannte sie allerdings »Primitivinstrumente und Schalter im Micky-Maus-Stil«. Wer mit japanischen Motorrädern großgeworden war, stimmte dem sicherlich zu, nicht aber Motorradfahrer, die ältere Maschinen gewohnt waren... Bei Morini leistete man sich keinen übertriebenen Luxus, denn schließlich sollte dies ja auch ein schnörkelloses Sportmotorrad sein. Wen es interessiert: Die Instrumente stammten von Veglia, Schalter und Blinkschalter von CEV, der Hauptbremszylinder von Grimeca und die Griffe von Verlicchi.

1977 hatte die Morini Sport anstelle der riesigen Vorderrad-Trommelbremse eine hydraulische Grimeca-Scheibenbremse mit 260 mm Durchmesser erhalten. Bis auf die abweichende Tanklackierung, eine neue Instrumentengruppe, geänderte Sitze und neue Blinker blieb sie jedoch unverändert; ein sicheres Zeichen für die gelungene Grundkonstruktion. Die Höchstgeschwindigkeit lag noch immer bei 170 km/h.

MORINI

Links: Nach Ansicht des Verfassers gehört der Original-Prototyp der Morini 500 zu den besten Straßenmaschinen-Konstruktionen dieser Marke. Sie wirkte nicht nur eindrucksvoll, sondern war auch qualitativ hochwertig — was bei italienischen Maschinen leider nicht immer der Fall ist. Die Morini 500 sah ganz wie ein Superbike aus, dabei hatte sie nur 479 ccm Hubraum (69 x 64 mm). Die anschließende Serienversion fiel im Vergleich dazu leider sehr ab.

Links: Gegenüber dem Prototyp (oben) sind beim Serienmodell etliche Detailänderungen zu erkennen. In Großbritannien hieß die 500er Maestro. Die wichtigsten Unterschiede gegenüber der 350 betrafen die Dreifach-Scheibenbremsen, ein Fünfganggetriebe, Gußräder (später auch im kleineren Modell verwendet) und den schwereren Rahmen. Das Bild zeigt die Sportversion, die außerdem Stummellenker statt der herkömmlichen Lenker aufwies.

Rechts: Der 250er Morini V-Twin, eingeführt 1980, hatte nur 240 ccm Hubraum. Ein leider sehr teures Motorrad - selbst nach verschiedenen Einsparungsmaßnahmen wie z.B. lackierten statt Nirosta-Schutzblechen (wie bei den größeren Modellen) und Montage eines billigen Kunststoff-Kettendeckels blieb sein Preis extrem hoch. Nach normalen Kriterien hätte sich die Maschine kaum absetzen lassen dürfen, dennoch fanden sich Käufer, die den eigenständigen Charakter der klassischen Morini schätzten.

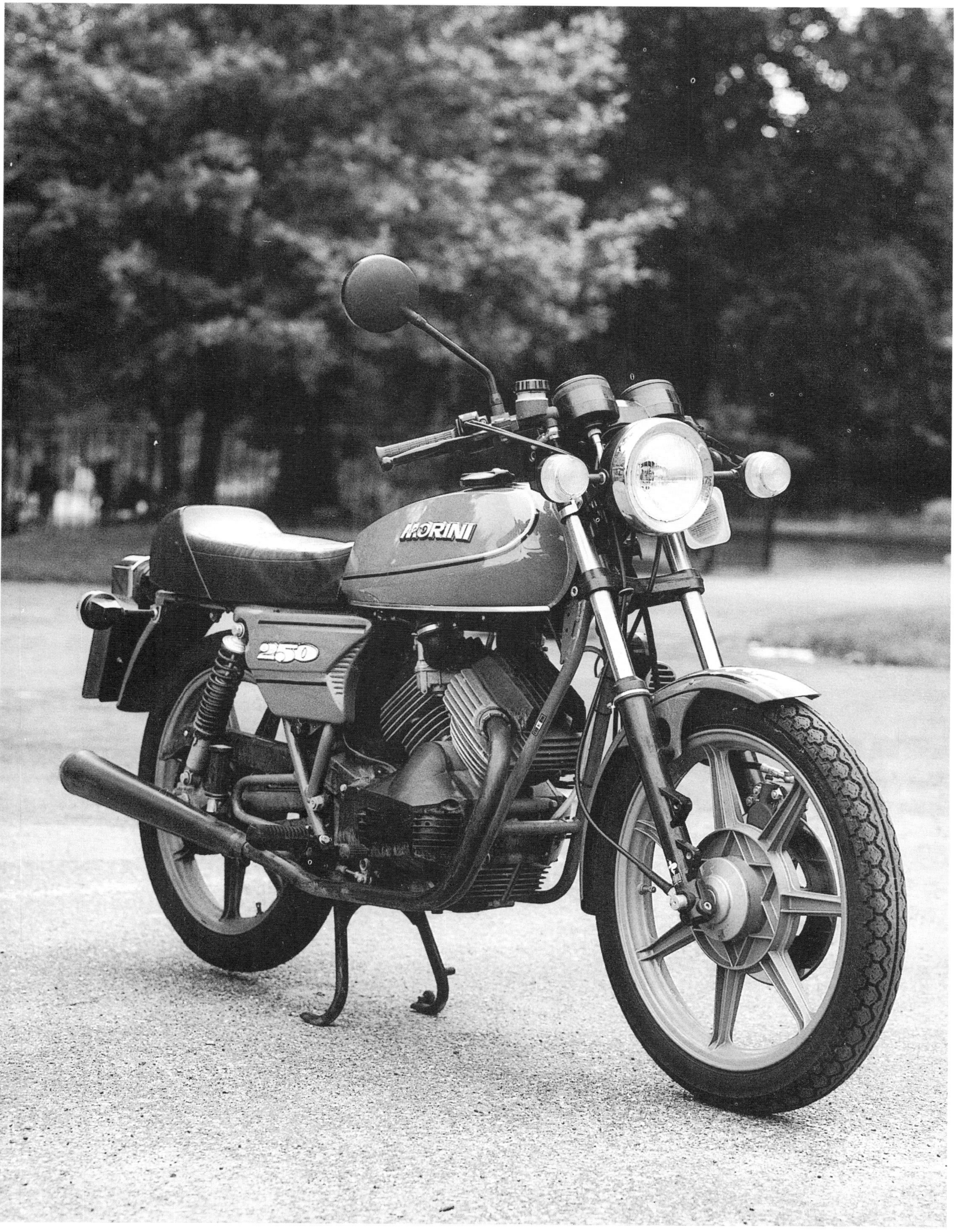
MORINI
250

MORINI

Morini bot auch 125er (Foto) und 250er Einzylinder an, die jeweils auf einem halbierten 250er bzw. 500er V-Twin basierten. Die 125er hatte aber nur 120 ccm (59 x 43,8 mm) und 13,75 PS bei 9000/min, doch kam sie auf 117 km/h; die 250er hatte bei 240 ccm (69 x 64 mm) 18,5 PS und war 130 km/h schnell. Später wurde der kleinere Einzylinder auf 123 ccm gebracht.

Als Morini 1984 die 350 K2 vorstellte, bedauerten viele Fans, daß die Marke ihre Linie verloren habe. Der englische Importeur Harglo entfernte daraufhin die Verkleidung, montierte eine neue Instrumentenkonsole, Stummellenker, einen verchromten 170-mm-Scheinwerfer im Stil der 70er Jahre und brachte dieses Modell als »Classic« heraus. Das Bild zeigt eine solche K2 Classic, die nicht nur gut aussah, sondern auch die werksseitige Weiterentwicklung der K2 beeinflußte.

Die Morini 500 Camel (in England hieß sie Sahara), die für die Rallye Paris-Dakar entstand, darf als zweirädriges Gegenstück des Jeep Renegade gelten. Im Unterschied zu vielen anderen Enduros war die Morini nicht etwa nur ein Straßenmotorrad mit Enduro-Zutaten. Der Rahmen mit Querverstrebung unter dem Motor war neu entwickelt worden; die Radaufhängungen mit der starken Vorderradgabel mit vorverlegter Radachse und Öl-/Gas-Stoßdämpfern am Hinterrad kamen von Marzocchi. Der Motor stammte in seiner Grundkonzeption aus dem Straßenmodell, entbehrte jedoch eines elektrischen Anlassers, und das Getriebe besaß sechs Gänge. Ferner saßen die Blinker in Gummifassungen, es gab Klapp-Fußrasten und -schalthebel, einen Gasschieberzug in Rennausführung sowie Pirelli-Enduro-Reifen: 3,00 x 21 vorne und 4,00 x 18 hinten.

Moto Aspes

Eine handliche 125er Enduro mit schlitzgesteuertem Einzylinder-Zweitaktmotor, von der Firma Aspes aus Gallerate in den 70er Jahren auf die Räder gestellt. Dieses Modell basierte auf einer ähnlichen Motocross-Maschine. Die Leistung des 123-ccm-Motors (54 x 53,8 mm) lag bei 25 PS. Diese hohe Leistung stand allerdings nur in einem sehr schmalen Drehzahlbereich zur Verfügung, so daß in schwerem Gelände geradezu haarsträubende Fahrsituationen entstehen konnten.

Der 49-ccm-Motor des 1976er Enduro-Modells Navaho 50 Regolarità Competizione von Moto Aspes mit dem sogenannten »Compact-System«, das eine Kopie des bekannten Suzuki »Ram Air System« darstellte. Die Leistung des 49-ccm-Zweitakters betrug 7 PS — die allerdings erst im oberen Ende des Leistungsbereichs zur Verfügung standen.

MOTO ASPES

Bei ihrem Serienanlauf 1975 war die Aspes Juma 125 die schnellste Maschine ihrer Klasse. Mit 19 PS bei 9000/min lief sie annähernd 145 km/h — so schnell wie viele 250er. Ferner bot sie ein Sechsganggetriebe, elektronische Zündung von Motoplat oder Dansi, 30er Dell'Orto-PHF-Vergaser, eine 260-mm-Scheibenbremse vorne sowie einen Doppelrohrrahmen.

Der potente Aspes-Motor war eigentlich ein Produkt des Minarelli-Konzerns. Aspes ließ hierfür einen speziellen Leichtmetallzylinder und -zylinderkopf mit optimierten Kanälen fertigen. Der Vergaser saß schräg und wirkte fast wie ein Fallstromvergaser mit großem Gummiflansch zwischen dem 32er Dell'Orto und dem Zylinder.

MOTO ASPES, MOTOBI

Die Juma Criterium wurde von Moto Aspes 1977 als fertige Straßenrennmaschine für italienische Nachwuchsrennen angeboten. Im Vergleich zur Serien-Straßensportmaschine besaß das neue Modell einen speziell abgestimmten und prüfstandgetesteten Motor, einen Expansionskammer-Rennauspuff, Verkleidung, leichte Magnesiumräder, Veglia-Renndrehzahlmesser, einen größeren Vergaser (34 mm) und geänderte Ausstattungsdetails.

Motobi

Giuseppe Benelli, einer der sechs Benelli-Brüder, gründete 1949 sein eigenes Unternehmen unter dem Namen »Moto B Pesaro«, später zu Motobi verkürzt. Das erste Modell (Foto) wurde auf der Mailänder Frühjahrsmesse im April 1950 gezeigt. Es erinnerte in mancher Hinsicht an Norbert Riedels »Imme«, wurde von einem liegenden Einzylindermotor angetrieben und verkaufte sich recht gut. Nach diesem 98-ccm-Modell (48×54 mm) folgte eine 125er (54×60,54 mm) Einzylindermaschine sowie der sensationelle 195-ccm-Zweizylinder (48×54 mm) namens Spring Lasting.

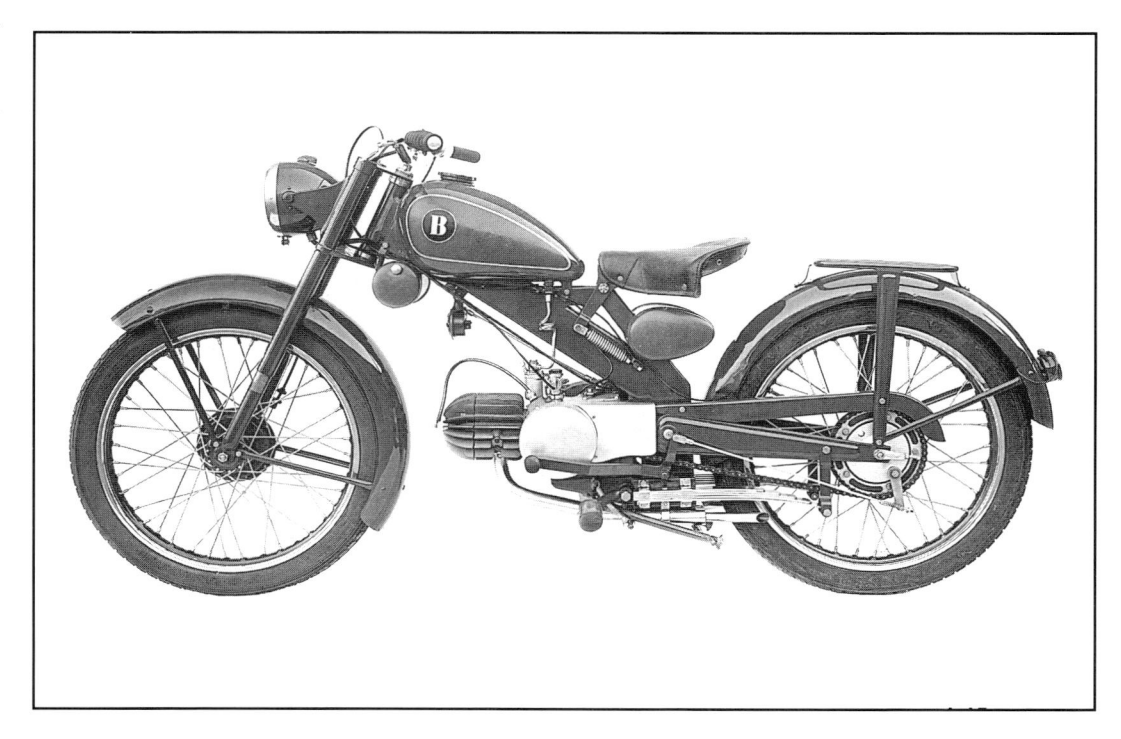

MOTOBI

Ab 1956 wandte sich Motobi Viertaktern zu, wobei Giuseppe Benelli die typische Eiform seiner Motoren beibehielt. Zunächst stellte man eine 123- und eine 172-ccm-Maschine mit Vierganggetriebe und ohv-Ventiltrieb vor. 1960 entwickelte der größere Motor in der Straßenversion 17 PS bei 9000/min. Die 175er und ein größeres 203-ccm-Modell (bei dem der Zylinder auf 67 mm aufgebohrt worden war) liefen erfolgreich in italienischen Straßenrennen. Schließlich gab es eine 245-ccm-Version in Straßen- und Rennausführung. Der Schweizer Ingenieur Werner Maltry kombinierte zwei dieser Motoren sogar zu einem 500er Aggregat.

Nach dem Tode Giuseppe Benellis im Jahre 1962 beschlossen seine beiden Söhne, Motobi in den Benelli-Konzern einzugliedern. Als Marke behielt Motobi noch einige Jahre lang seine Eigenständigkeit, ehe beide Firmen 1972 an das de-Tomaso-Imperium fielen. Ein typischer Vertreter der kleineren Motobi der mittsechziger Jahre war dieses 49-ccm-Moped, genannt Minni-16. Im Hintergrund die unter Konzernflagge fahrende *Maria Cristina Benelli*

Moto Comet

Wen der Motor der Moto Comet an die Rennmodelle von FB Mondial erinnert, dem sei verraten, daß die Motoren beider Marken von Alfonso Drusiani (ein Bruder Oreste Drusianis, Mitbegründer von CM) konstruiert waren. Die erste Moto Comet stellte einen sauber gezeichneten 175-ccm-Paralleltwin dar, der Ende 1952 als Prototyp entstand. Das hier gezeigte Einzylindermodell mit 175 ccm im Renntrim erschien Ende 1954. Eine Besonderheit war die Doppelzündung — Magnet- plus Spulenzündung, letztere zum Anlassen und Normalbetrieb, erstere für höchste Drehzahlen.

Moto Gori

1976 präsentierte Gori die Sport Valli Replica mit 125-ccm-Motor, abgeleitet von einer erfolgreichen Gori-Bergrennmaschine, mit der Guido Valli 1974 und 1975 italienischer Klassenmeister geworden war. Die wichtigsten Daten dieser Serienmaschine: schlitzgesteuerter 123-ccm-Einzylinder-Zweitaktmotor (54x54 mm), Sechsganggetriebe, 34-mm-Bing-Vergaser, elektronische Motoplat-Zündung, doppelte Grimeca-Scheibenbremsen (220 mm) vorne, Leichtmetall-Gußräder, Dämpferelemente hinten. Leistung 24 PS bei 10000/min, Höchstgeschwindigkeit 145 km/h.

MOTO GUZZI

Moto Gori wurde 1969 von Giancarlo Gori gegründet. Von Anfang an baute man qualitativ hochwertige Maschinen, größtenteils mit Sachs-Motoren. Ein typischer Vertreter war die GS 250 Enduro von 1975. Ihr 245-ccm-Motor kam auf 33 PS bei 8800 Touren. 1979 übernahm der SWM-Konzern die Marke Gori und benannte sie in Go-Motor um. Zusammen mit SWM ging das Unternehmen 1985 in Konkurs.

1980 konzentrierte Gori praktisch sein gesamtes Programm auf Off-Road-Maschinen — sowohl Motocross- als auch Enduro-Versionen — mit Hiro-Motoren. Die 125 RG war ein Musterbeispiel hierfür. Sie hatte u.a. ein Sechsganggetriebe, Sachs-Hydracross-Stoßdämpfer am Hinterrad, Dell'Orto-PHF30-Vergaser mit voll gekapseltem Luftfilter zu bieten, ferner eine 35-mm-Renngabel mit Gummifaltenbälgen, Metzeler-Reifen, Magura-Handgriffe sowie Schutzbleche, Tank und Seitenverkleidung aus schlagfestem Kunststoff. Alles in allem ein hochklassiger Off-Road-Renner mit Lichtanlage für Straßenbetrieb.

Moto Guzzi

Die 1920 gegründete Firma Moto Guzzi aus dem kleinen Ort Mandello di Lario am Comer See in Norditalien hatte sich bereits vor dem Zweiten Weltkrieg zu einem der drei führenden Hersteller Italiens entwickelt. Nach dem Krieg eroberte Guzzi mit einer Palette kleiner Zweitakter und seinen Einzylinder-Viertaktmotoren in liegender Bauart rasch wieder seine vormalige Spitzenstellung. Diese Falcone Sport von 1952, auf den älteren GTV und Astore basierend, war von 1950 bis 1967 als Sport- und Turismo-Variante im Programm.

Eine Falcone im Renntrim mit einer Fülle nicht serienmäßiger Zutaten. Der Motor war auf höhere Leistung getrimmt und das Fahrwerk modernisiert worden. Neben weiteren Änderungen an Tank, Sitzen und Schutzblechen besaß diese Falcone eine größere Leichtmetallbremse im Vorderrad, 18''-Felgen, einen geänderten Auspufftopf (den serienmäßigen Schalldämpfer ohne Fischschwanz-Endstück) sowie eine Polsterauflage auf dem Tank. Die Spitzengeschwindigkeit lag mit 160 km/h etwa 16 km/h über den Werten der normalen Sportmaschine. Straßenlage und Bremsverhalten waren deutlich verbessert worden. Am vorderen Scheinwerfer der in Italien vorgeschriebene Steuermarkenhalter.

MOTO GUZZI

Die Falcone Turismo war bis auf Lenker und Motorleistung mit dem Sportmodell identisch. Beide wiesen die traditionellen Abmessungen von 88 x 82 mm Bohrung und Hub auf, die einen Hubraum von 498 ccm ergaben. Die Höchstleistung betrug 18,9 PS bei 4300/min (die Sport kam auf 23 PS bei 4500). Die Turismo mußte mit kleineren Ventilen und einem kleineren Vergaser (27 statt 29 mm der Sport-Version) auskommen. Auch die Verdichtung lag mit 5,5 statt 6,5:1 niedriger. Beide Versionen werden von Sammlern und Liebhabern heute als Klassiker der italienischen Nachkriegsmotorräder hoch gehandelt — als Modelle, die echten Veteranen am nächsten kommen.

Mehr als 50 Polizisten beim Schaufahren vor geladenen Offiziellen in Rom im September 1958. In den 50er und 60er Jahren war die Falcone lange Jahre die bevorzugte Maschine der italienischen Polizei, auch für Eskorten und bei der Autobahnpolizei.

MOTO GUZZI

Letzte Konstruktion Carlo Guzzis war die Lodola (»Lerche«), im April 1956 auf der Mailänder Frühjahrsmesse präsentiert. Die erste Version wies einen 174,5-ccm-ohc-Motor (62×57,8 mm) auf, dessen Leichtmetallzylinder und -kopf um 45 Grad schräggestellt waren und ihr damit ein markantes Aussehen verliehen. Die 9 PS Leistung bei 6000/min genügten für 110 km/h Spitze.

Nach dem Erfolg der Serienversion schob Guzzi eine Sport-Variante nach. Sie ist hier beim Debüt auf dem Mailänder Salon im November 1958 zu sehen. Der Motor war auf höhere Leistung gebracht worden, zugleich hatte man Styling und Ausstattung verfeinert. Durch die höhere Verdichtung von 9:1 und eine schärfere Nockenwelle kletterte die Leistung auf 11 PS bei 6500/min und damit die Höchstgeschwindigkeit auf 119 km/h. Der größere, stärker ausgebuchtete Tank faßte 16 Liter, auch die größeren Radnaben und die hellrote Lackierung waren neu.

MOTO GUZZI

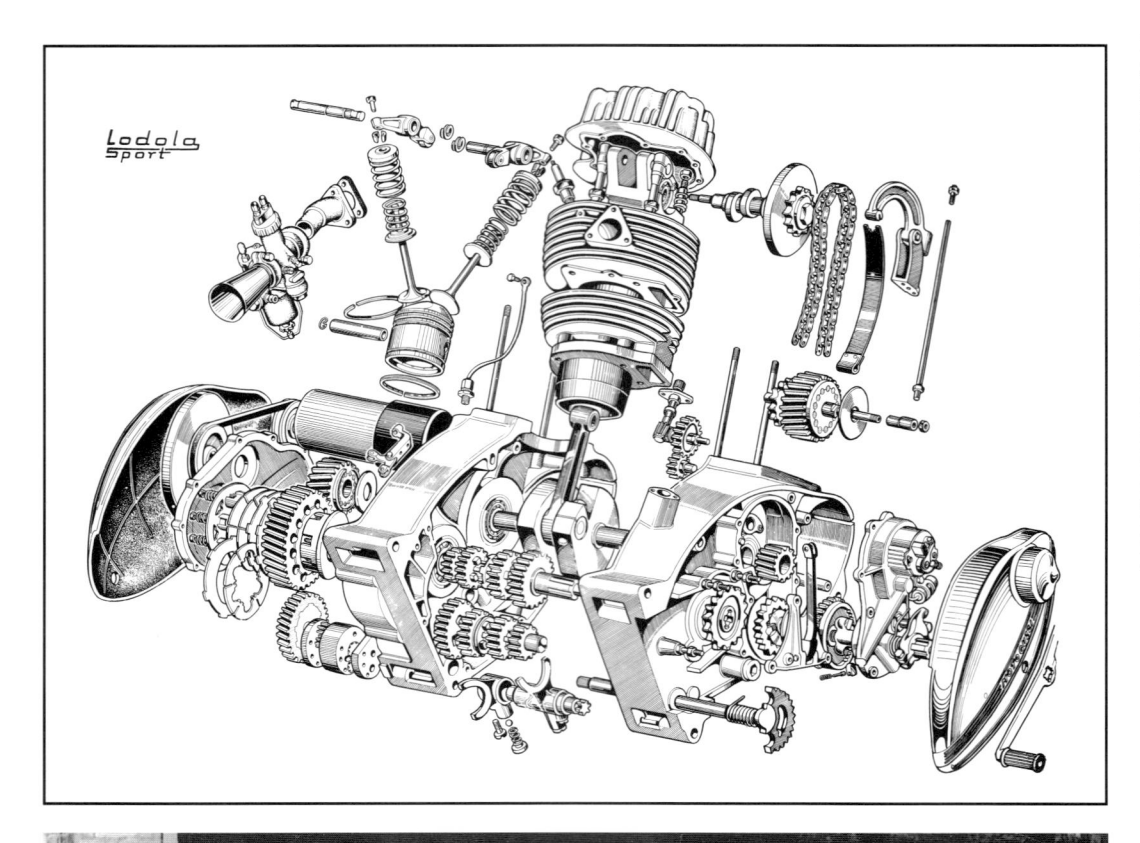

Der Motor der Moto Guzzi 175 Lodola Sport von 1959. Im Gegensatz zu vielen ähnlichen italienischen Konstruktionen jener Jahre besaß die Lodola Trockensumpfschmierung. Im Leichtmetallzylinder war eine Graugußlaufbuchse (im Reparaturfall auf Übermaß ausbohrfähig) eingezogen; die geschmiedeten Borgo-Vollschaftkolben mit vier Ringen liefen an einteiligen Stahlpleueln mit Phosphorbronze-Buchsen und Stahlrollen für die Hauptlagerung. Die Ölförderung übernahm eine Zahnradpumpe. Hinter dem Deckel auf der linken Motorseite saßen nicht nur Kupplung und Primärantrieb (über Zahnräder), sondern auch die über Keilriemen und Riemenscheibe von der Kurbelwelle angetriebene Lichtmaschine. Hinter dem Deckel auf der gegenüberliegenden Motorseite befanden sich die Zündung und die Schaltung.

Ein typischer Vertreter der vielen Leichtkrafträder von Moto Guzzi nach dem Zweiten Weltkrieg war die Zweitakt-Zigolo 110 von 1961. Besonderes Merkmal war der nach Guzzi-Tradition liegend angeordnete Zylinder. Über einen Drehschieber auf der rechten Motorseite wurde das Gemisch ins Kurbelgehäuse gefördert. Die Pleuel war fliegend auf der Kurbelwelle gelagert. Im Gegensatz zu vielen anderen damaligen Zweitaktern kam der Motor mit einem Mischungsverhältnis von 1:50 aus. Der Preßstahlaufbau und das hintere Schutzblech saßen auf einem Rohrrahmen mit Anlenkpunkten für Lenkkopf und Schwingenlagerung. Der Motor hatte 110,3 ccm Hubraum (52 x 52 mm) und war 7,5:1 verdichtet. Leichtmetallzylinder mit hartverchromter Laufbahn, CEV-Schwungradmagnet, 6-Volt-Anlage, Dreiganggetriebe mit schrägverzahntem Primärantrieb.

MOTO GUZZI

Im November 1969 stellte Moto Guzzi — auf Anregung der Behörden — den Prototyp ihrer Nuovo Falcone vor. Anfang 1970 erschien die Vorserie dieses als klassische Polizeimaschine bekannt gewordenen Motorrads. Bis auf Bohrung, Hub und Hubraum hatte die neue Falcone mit ihrer Vorläuferin nichts gemein. Der Motor war jetzt in Blockbauweise ausgeführt und konnte gegen Aufpreis auch mit Anlasser geordert werden. Die elektrische Anlage umfaßte eine 12-Volt/ 18 Ah-Batterie und eine 150-Watt-Lichtmaschine. Auch Rahmen, Fahrwerk und Bremsen hatte man modernisiert. Leistungsmäßig entsprach die Falcone 500 mit einer Spitze von 130 km/h ihrer Vorgängerin.

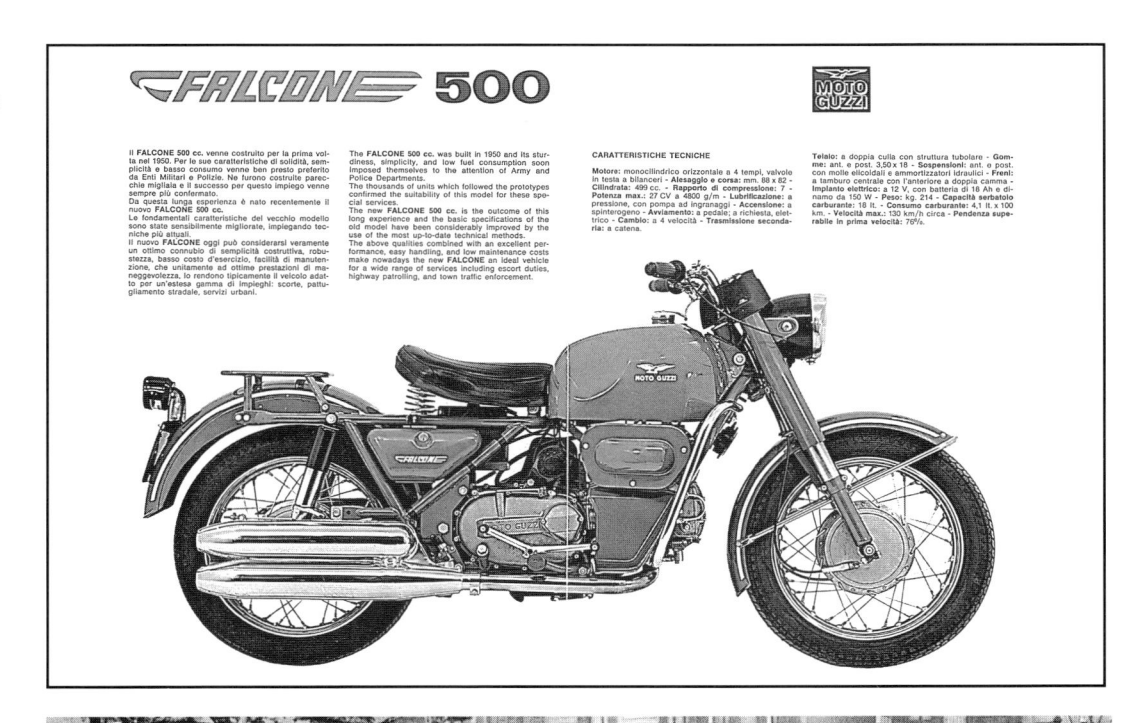

Die größte und schnellste Straßenmaschine der ersten 45 Moto Guzzi-Jahre war zweifellos die V7. Auch sie wurde 1964 vor allem für die italienische Verkehrspolizei entwickelt, die Ersatz für die Falcone- und Gilera-300-Maschinen wünschte. Als im Dezember 1965 die zivile Version auf dem Mailänder Salon debütierte, erregte sie gewaltiges Aufsehen. Hier ist eine Maschine der ersten zivilen V7-Serie zu sehen, im März 1969 in Verona fotografiert. Der quer eingebaute 703-ccm-Zweizylinder war mit 80 mm Bohrung und 70 mm Hub überquadratisch ausgelegt und erhielt sein »Futter« über zwei 29er Dell'Orto-SS1-Vergaser. Die Leistung von 44 PS bei 6200/min brachte diesen 230 kg schweren Boliden auf knapp über 160 km/h.

MOTO GUZZI

Ende 1968, Anfang 1969 legte Moto Guzzi eine Handvoll präparierter V7 auf, die in sehr abgespeckter Form im Juni und Oktober 1969 zu Rekordfahrten antraten. Diese V7 wurde mit zwei Hubräumen produziert: mit 739,3 ccm (82 x 70 mm) für die 750er Klasse sowie mit 757 ccm (83 x 70 mm) für die 1000-ccm-Klasse. Äußerlich glichen sich beide Varianten völlig.

Ex-Bianchi- und MV-Champion Remo Venturi bei den Rekordfahrten im Juni 1969 auf der Rennstrecke von Monza, hier auf der größeren Guzzi mit 757-ccm-Motor. Die weiteren Fahrer waren Alberto Pagani, Vittorio Brambilla und Rennjournalist Roberto Patrignani. Zahlreiche Rekorde in der Soloklasse wurden aufgestellt, unter anderem über 1000 km mit 202,13 km/h, 100 km mit 212,27 km/h und über eine Stunde mit 213,88 km/h. Daneben sicherte sich die Mannschaft mit einer Gespann-Sonderausführung mehrere Rekorde in der Dreiradklasse, so über eine Stunde mit 186,1 km/h und sechs Stunden mit 139,99 km/h.

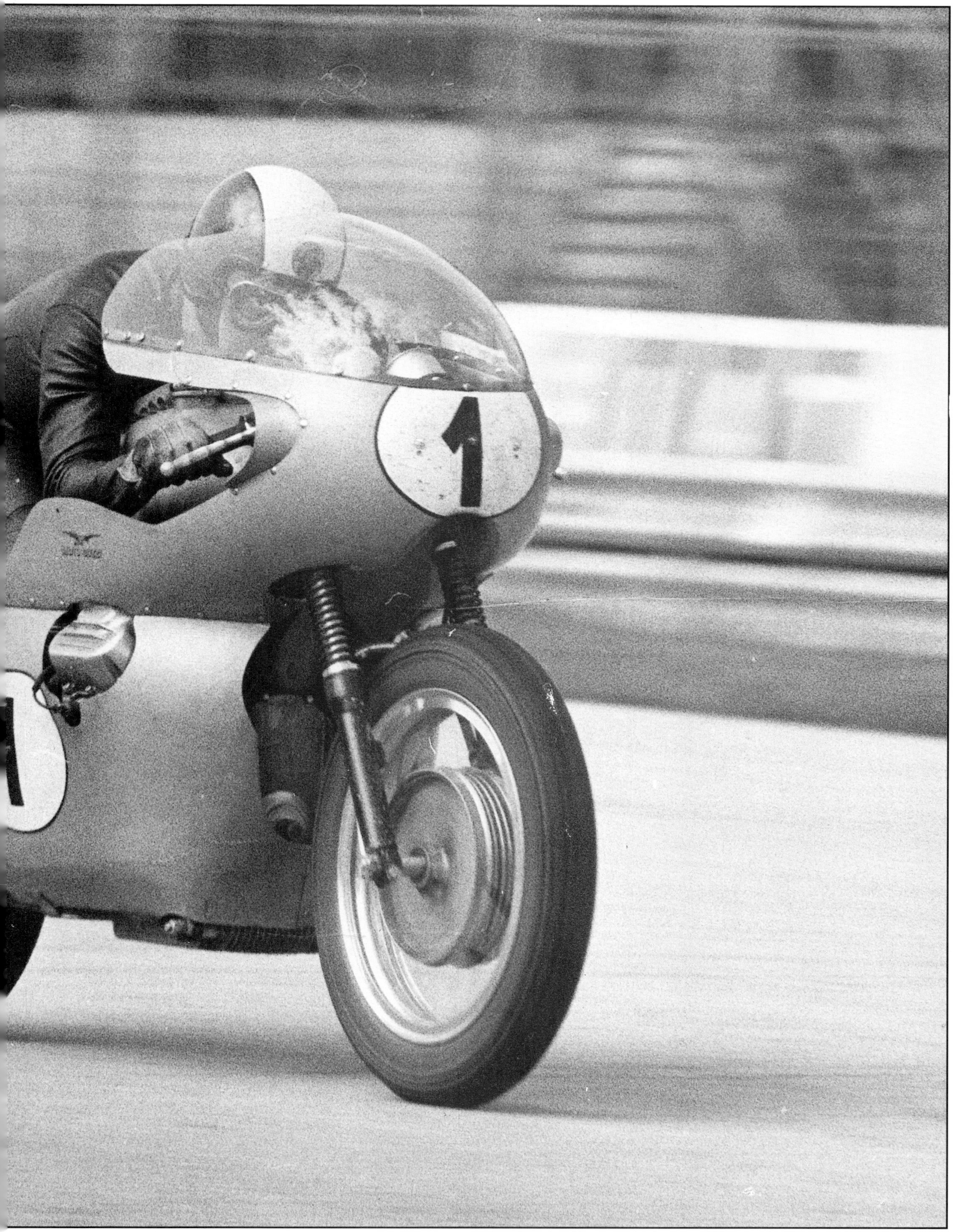

MOTO GUZZI

1969 stellte Moto Guzzi eine V7 Special mit der größeren 757-ccm-Version des 90-Grad-V-Twin vor. Bis auf seine größere Bohrung, einen neuen Kolben und größere Ventile unterschied sich der Motor kaum von dem der originalen V7. Die Leistung hatte dennoch deutlich zugenommen und lag jetzt bei 60 PS, was für nahezu 185 km/h reichte. In den USA, wo Moto Guzzi von der Premier Motor Corporation betreut wurde, kam die Special als Typ Ambassador auf den Markt.

Die zivile Version der Nuovo Falcone auf dem Mailänder Salon 1971. Statt in unauffälligem Grün oder Dunkelblau der Polizeimaschinen war die Guzzi jetzt in Rot (Rahmen, Gabelrohre usw.) und Weiß (Tank, Schutzbleche, Werkzeugkästen) lieferbar. Ins Auge fallen hier der eigentümliche Doppelauspuff, der Doppelschleifen-Rohrrahmen, verchromte Sturzbügel, der 170-mm-Scheinwerfer von CEV sowie Veglia-Tachometer mit passendem Drehzahlmesser, die komfortable Sitzbank und die 200-mm-Grimeca-Bremstrommeln (vorne mit zwei auflaufenden Backen). Die Presse bezeichnete die Nuovo Falcone als eine durch und durch vernünftige Maschine.

MOTO GUZZI

Lino Tonti, der zuvor für Aermacchi, Bianchi und Gilera gearbeitet hatte, ging nach seinem Wechsel zu Moto Guzzi 1967 an eine Hubraumvergrößerung der V7. 1970 schuf Tonti aus dem stoßstangengesteuerten V-Zweizylinder eine noch sportlichere Straßenmaschine. Es entstand die faszinierende V7 Sport, die zum Vorreiter aller späteren großen V-Twins von Moto Guzzi wurde. Hier ist eine V7 Sport aus dem Werksteam bei den 24 Stunden von Zolder in Holland am 19./20. August 1972 zu sehen. Unter Riva und Carena legte sie ein beachtliches Tempo vor. Die Scheibenbremse am Vorderrad ist nicht serienmäßig.

Eine privat gemeldete V7 Sport (ebenfalls mit nicht serienmäßigen Scheibenbremsen von British Lockheed) bei den 24 Stunden von Barcelona 1972. Die Bügel zum Schutz der Zylinderköpfe bei Stürzen hatte man beibehalten. Veränderungen umfassen den Sitz und das vordere Schutzblech, den Auspuff (mehr Bodenfreiheit) und die Sicherung aller nur erdenklichen Teile gegen Losrütteln während des Rennens. Die Schwanenhals-Stummellenker sind serienmäßig. Auch die Egli-Vincent mit Norton-Manx-Vorderradbremse und großem Tank im Hintergrund ist eine interessante Maschine.

MOTO GUZZI

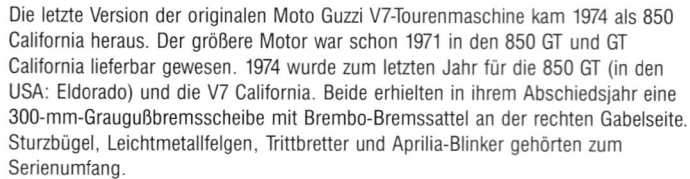

Die letzte Version der originalen Moto Guzzi V7-Tourenmaschine kam 1974 als 850 California heraus. Der größere Motor war schon 1971 in den 850 GT und GT California lieferbar gewesen. 1974 wurde zum letzten Jahr für die 850 GT (in den USA: Eldorado) und die V7 California. Beide erhielten in ihrem Abschiedsjahr eine 300-mm-Graugußbremsscheibe mit Brembo-Bremssattel an der rechten Gabelseite. Sturzbügel, Leichtmetallfelgen, Trittbretter und Aprilia-Blinker gehörten zum Serienumfang.

Als gehobene Version der Benelli 250 2C kam Anfang 1973 die Moto Guzzi 250 TS als Prototyp auf den Markt, kurz nachdem de Tomaso das Werk in Mandello seinem Konzern einverleibt hatte. Wie die Benelli hatte auch die Guzzi auf den wichtigen Exportmärkten unter zwei Schwachpunkten zu leiden, die den Absatz bremsten: 6-Volt-Anlage und Mischungsschmierung. Dabei war der schlitzgesteuerte 231-ccm-Zweitakttwin (54 x 47 mm) ein leistungs- und durchzugsstarkes Aggregat. Die *Motor Cycle News* bezeichneten den Prototyp als schnellsten aktuellen 250er, der mit 15,22 s über die stehende Viertelmeile und mit 142 km/h Höchstgeschwindigkeit gestoppt wurde.

Die 750 S3 war eigentlich eine Kreuzung aus 750 S und 850 T3, dennoch eine feine Maschine. Sie kam Anfang 1975 zusammen mit dem Tourenmodell 850 T3 heraus, mit dem sie sich viele Komponenten teilte, so die integrierte Bremsanlage. Hubraum, Auspuffanlage und Hauptbaugruppen entsprachen indessen der früheren 750S. Die 750 S3 lief gut 186 km/h.

MOTO GUZZI

Mit der Moto Guzzi Le Mans sprach man gezielt Vollblut-Motorradfahrer an, die sich eher für europäische als für japanische Maschinen erwärmten. Nachdem auf dem Mailänder Salon 1975 ein Prototyp zu sehen gewesen war, entwickelte sich die Serienmaschine ab 1976 rasch zu einem Bestseller. Stummellenker, zurückverlegte Fußrasten, Rennsitz, der große Tank, Minimalverkleidung, gelochte 300-mm-Grauguß-Scheibenbremsen, mattschwarzer Auspuffkrümmer mit darauf abgestimmter Auspuffanlage sowie silberfarbene Leichtmetallräder machten aus der »Le Mans Mark I« ein wahrhaft rassiges Motorrad.

Die Vorderansicht der »Le Mans Mark I« verdeutlicht, wie schlank und aggressiv die Maschine wirkt; spätere Versionen kamen daran nie wieder heran. Um diesem Image gerecht zu werden, war der Motor gegenüber dem der 750 S3 und der 850 T3 gehörig modifiziert worden. Die Verdichtung lag mit 10,2:1 wesentlich höher, der Ventildurchmesser betrug 37 mm (Auslaß) bzw. 44 mm (Einlaß), das Nockenprofil war schärfer geworden, und für die Gemischaufbereitung sorgten zwei brandneue Dell'Orto PHF 36-Vergaser mit Beschleunigerpumpe. Damit entwickelte das Aggregat 71 PS bei 7300/min, zwar weniger als nach den ersten Werksangaben, aber immer noch ausreichend für rund 200 km/h Höchstgeschwindigkeit in Serienversion.

MOTO GUZZI

Oben: Dringend nötig hatte Moto Guzzi einen neuen V-Twin in der mittleren Hubraumklasse als Ersatz für den Nuovo Falcone-Einzylinder und die GTS 350/400-Vierzylinder, die sich nur noch in geringer Stückzahl verkaufen ließen. Auf der Kölner IFMA im September 1976 waren die Nachfolger in Form der V35 und V50 (Foto) zu sehen. Guzzi kam dabei zugute, daß bei diesem wichtigen Salon nur Yamaha mit den Zweizylindern XS250 und 360 nennenswerte Neuerungen vorzuweisen hatte. Die V35 und V50 wirkten äußerlich identisch, doch im Innenleben unterschieden sie sich sehr: Bei 66 x 50,6 mm (V35) bzw. 74 x 57 mm (V50) Bohrung und Hub erreichten sie einen Hubraum von 346 bzw. 490 ccm. Die V35 leistete 33,6 PS, die V50 schon 46 PS. Weitere Unterschiede gab es bei der Übersetzung von Getriebe und Hinterradantrieb.

Rechts: Hier demonstriert Richard Gamble bei der Avon Production Series 1977 die Fahrleistungen seiner Guzzi in überzeugender Manier. Im Oktober desselben Jahres sicherte sich Roy Armstrong, ebenfalls auf einer Le Mans, mit seinem Sieg beim letzten Wertungslauf in Snetterton die Avon Championship (was der englischen Serienmaschinen-Meisterschaft entsprach). Die Maschinen waren relativ seriennah; nur hatte man alle Einzelteile besonders sorgfältig auf Leistung und Standfestigkeit abgestimmt; der Motor mit seinen Zylindern der V1000 Convert Automatic wies knapp 1000 ccm Hubraum auf.

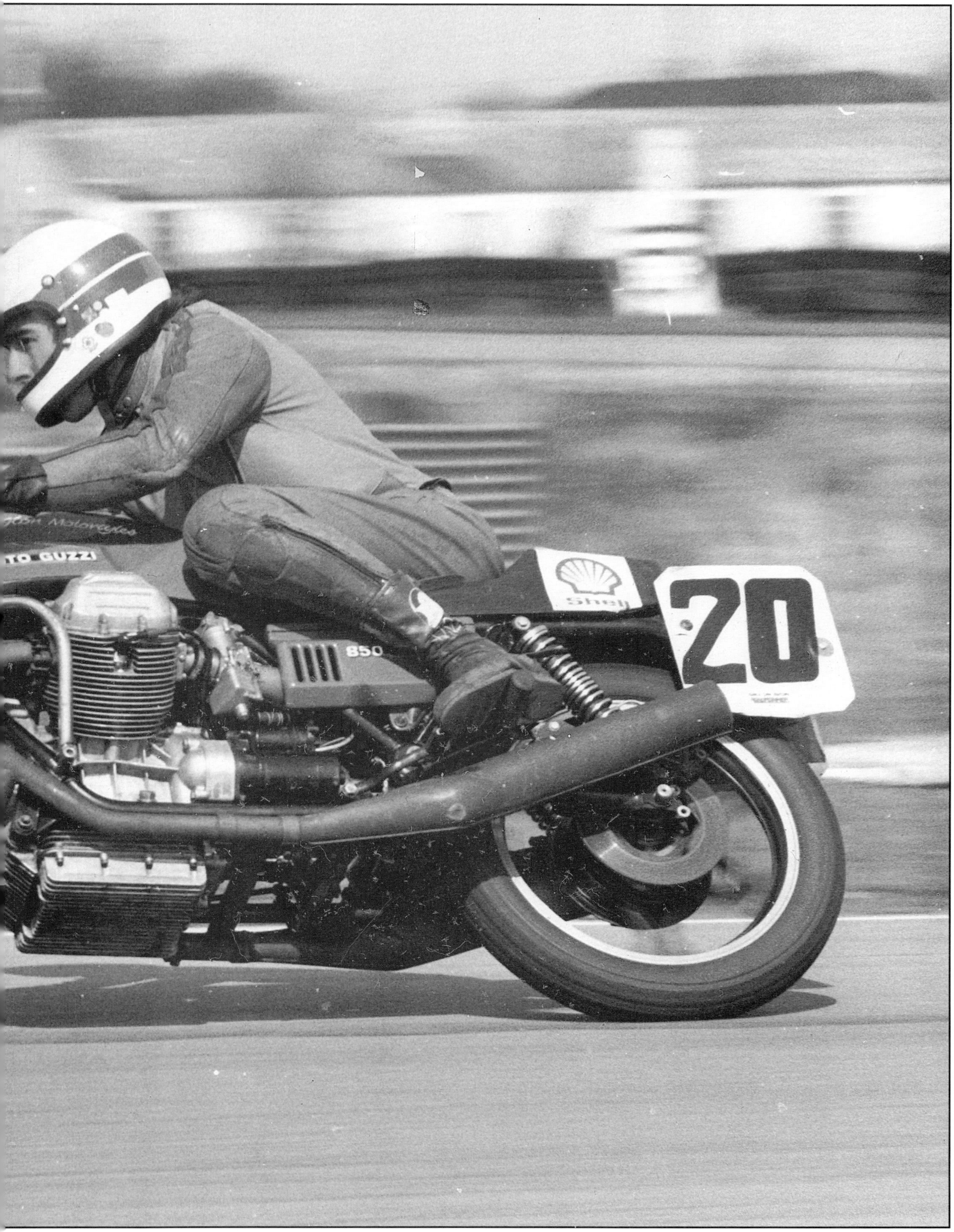
TO GUZZI
Shell
850
20

MOTO GUZZI

Eine vom Verfasser 1984 für eine britische Fachzeitschrift getestete V35 II. Sie war durchaus nicht nur eine langsamere, kleinere V50. Schon in Bohrung und Hub unterschieden sich beide Maschinen. In Verbindung mit kleineren Vergasern und Ventilen büßte die V35 dabei kaum an Elastizität ein. Im Unterhalt war sie dank niedrigerer Kraftstoffkosten und Versicherungsprämien genügsamer, obendrein auch laufruhiger. Die Höchstgeschwindigkeit wurde mit 150 km/h gestoppt, und durch ihre Straßenlage und Bremsreserven war die V35 ein ausgesprochen fahrsicheres Zweirad.

April 1978: Zwanzig nagelneue 1000 SP formieren sich vor dem Guzzi-Windkanal. Dieses Modell, das in England als »Spada« vertrieben wurde, stellte Mandellos Antwort auf das Monopol der BMW R100 RS bei den Langstrecken-Tourenmotorrädern dar. Auch das Konzept der SP schlug voll ein; noch heute, fast 15 Jahre nach dieser Aufnahme der ersten Serienexemplare, steht eine aktualisierte Version im Guzzi-Programm.

MOTO GUZZI

1981 debütierte die 850 Le Mans III. Sie hatte nun eine kantigere Zylinder- und Zylinderkopfverrippung, neue Schalldämpfer und eine kleinere Verkleidung (diese war bei der Le Mans Mark II noch ähnlich ausladend wie bei der SP ausgefallen), einen mittig angeordneten 100-mm-Drehzahlmesser von Veglia, längliche Blinker, einen neuen 25-Liter-Tank sowie eine neue Sitzbank und Seitenverkleidungen. Diese Hinteransicht einer Le Mans Mark III, die im Mai 1983 in Lecco am Comer See entstand, läßt einige dieser Neuerungen erkennen.

Die Le Mans 1000 (inoffiziell als Le Mans Mark IV bekannt), das neueste Sportmodell von Moto Guzzi, kam 1984 heraus. Mit fast 225 km/h Höchstgeschwindigkeit ist sie die bisher schnellste Guzzi-Straßenmaschine. Der genaue Hubraum betrug 948,8 ccm (88 x 78 mm). Stilistisch lehnte sie sich an die Vierventiler V65 Lario und V35 Imola an.

Motom

Der in Mailand ansässige Motom-Konzern war auf kleine Viertakter spezialisiert. Ein typisches Produkt war diese 48L, ein Moped mit winzigem ohv-50-ccm-Motor, der auch als Hilfsmotor im Fahrrad diente. Schon bald stellte Motom jedoch komplette Zweiräder her — und wie bei Ducati fand sich der Motom-Motor bald in einem 50-ccm-Rennmotorrad wieder. In den 50er Jahren kam das Unternehmen auf beachtliche Stückzahlen, doch zehn Jahre später verließ das Glück diese Marke.

Motom Delfino, eine Kreuzung aus Motorrad und Motorroller. Der Prototyp mit 147-ccm-ohv-Motor war erstmals auf dem Mailänder Salon 1950 zu sehen. Beim Serienanlauf betrug der Hubraum 163 ccm (62 x 54 mm). Der Motor war mit Naßsumpfschmierung ausgerüstet und mit dem Vierganggetriebe verblockt. Ein interessantes Detail dieser Konstruktion war die Gebläsekühlung durch die Rotorflügel des Schwungradmagneten auf der Kurbelwelle. In ihrer Grundkonzeption ähnelte die Motom Delfino vergleichbaren Konstruktionen von Moto Guzzi (Galletto), MV Agusta (Pullman) und Mondial (Sogno).

Im Vergleich zu den Produktionsverfahren bei vielen anderen italienischen Motorradwerken der ersten Nachkriegszeit wirkte das Montageband im Mailänder Motom-Werk sehr fortschrittlich. Diese Aufnahme aus der Mitte der 50er Jahre vermittelt einen Eindruck von den sauberen, geräumigen und hell ausgeleuchteten Werksanlagen. Damit hob man sich von der Fertigung bei Moto Guzzi und Gilera, um nur zwei Beispiele zu nennen, doch deutlich ab. Hier sind die 48-ccm-Mopeds bei der Endmontage sowie im Hintergrund rechts die 163er Delfinos zu sehen.

MOTOM

Gesamtansicht des Motom-Werks an der Via Palma in Mailand. Die Werksanlagen sind von einer überdachten Teststrecke umgeben, auf der das ganze Jahr über Erprobungsfahrten stattfinden konnten. In ihren Spitzenzeiten produzierte Motom monatlich 2500 Einheiten und rangierte damit unter den sechs größten Motorzweirad-Produzenten Italiens.

Die 98 TS galt bei ihrem Erscheinen 1955 als »die modernste Konstruktion Italiens«. Obwohl die Presse Italiens und des Auslands die Maschine in den höchsten Tönen lobte, blieb die Nachfrage verhalten. Der liegende Zylinder war mit 50x50 mm quadratisch ausgelegt und hatte eine obenliegende Nockenwelle, Zwangsluftkühlung, und Naßsumpfschmierung aufzuweisen; dazu kamen ein Vierganggetriebe und Cantileverfederung in gummigelagerten Drehstäben an Vorder- und Hinterrad.

Moto Sterzi

Moto Sterzi, einer der kleinsten italienischen Hersteller, nahm die Fertigung 1948 auf und existierte bis 1962. Während dieses Zeitraums entstanden sowohl Zwei- als auch Viertakter. Anfangs verwendete man Sachs-Zweitaktmotoren, die später in Italien weiterentwickelt und, auf 160 ccm vergrößert, in der abgebildeten Dynamit Gran Sport von 1957 zum Einbau kamen. Die gut 110 km/h schnelle Zweitakt-Sterzi konnte im Vergleich zu ihren Viertakt-Konkurrenten gut bestehen. Die Maschine hatte Batteriezündung, Viergangschaltung, einen großen Dell'Orto-SS-Vergaser im Rennstil sowie Leichtmetallfelgen.

MV Agusta

Dieses Abziehbild prangte bei allen MV-Serienmaschinen ab Ende 1959 auf der Tankoberseite und unterstrich den beispiellosen Siegeszug der Marke auf den Rennstrecken Europas. Angesichts derartiger Erfolge konnten Besitzer von Maschinen anderer Marken oft nur vor Neid erblassen...

MV AGUSTA

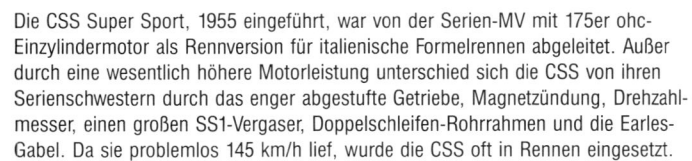

Die CSS Super Sport, 1955 eingeführt, war von der Serien-MV mit 175er ohc-Einzylindermotor als Rennversion für italienische Formelrennen abgeleitet. Außer durch eine wesentlich höhere Motorleistung unterschied sich die CSS von ihren Serienschwestern durch das enger abgestufte Getriebe, Magnetzündung, Drehzahlmesser, einen großen SS1-Vergaser, Doppelschleifen-Rohrrahmen und die Earles-Gabel. Da sie problemlos 145 km/h lief, wurde die CSS oft in Rennen eingesetzt.

Neben massiven Vierzylinder-»Dampfhämmern« lieferte MV Agusta gewissermaßen als Kontrast von 1955 bis 1959 auch diese einfache Ciclomotore. Das Moped ähnelte in Konzept und Aussehen der NSU Quickly und besaß einen 47,6-ccm-Einzylinder-Zweitakter (38 x 42 mm) mit Dreigang-Handschaltung sowie Vorder- und Hinterradfederung.

MV (Meccanica Verghera) Agusta wurde 1945 für den Bau von Motorzweirädern gegründet — und zwar nicht, weil Graf Domenico Agusta ein besonderer Motorradliebhaber gewesen wäre, sondern weil die Agusta-Gruppe den angestammten Flugzeugbau nach dem Zweiten Weltkrieg nicht wieder aufnehmen konnte. Anfangs entstanden Roller und Kleinkrafträder mit Zweitaktmotoren, eine altmodische 250er ohv-Maschine (von 1947 bis 1951) sowie der nie fertigentwickelte Prototyp einer 500er Vierzylinder-Straßenmaschine. Die CSTL Turismo 175, die Ende 1952 auf dem Mailänder Salon debütierte, darf daher als Vorläufer der verschiedenen späteren ohc- und ohv-Blockmotoren gelten. Das Bild zeigt ein Modell 1955 der CSTL mit 172-ccm-Motor (59,5 x 62 mm).

MV AGUSTA

Ende 1956 meldete sich MV Agusta mit einem nagelneuen Viertakter auf der Szene der Straßenmaschinen zurück. Die Raid erregte Aufsehen als erste 250er MV seit der antiquierten Konstruktion der 40er Jahre. Sie richtete sich nicht an Sport-, sondern an Tourenfahrer, denen Komfort und Zuverlässigkeit wichtiger als Stil und Geschwindigkeit waren. Der Stößelstangenmotor hatte 247 ccm Hubraum und war mit 69 x 66 mm überquadratisch ausgelegt. Die 250 lief 120 km/h Höchstgeschwindigkeit und wurde später durch eine 301-ccm-Version (74 x 70 mm) ergänzt.

Der MV-Agusta-Stand auf dem Mailänder Salon Ende 1963. Rings um die Grand-Prix-Rennmaschinen und Trophäen aus den zahllosen Rennsiegen und Meisterschaften gruppiert sich das gesamte Markenprogramm mit Motorrädern, Motorrollern und Lastendreirädern (Motocarri).

MV AGUSTA

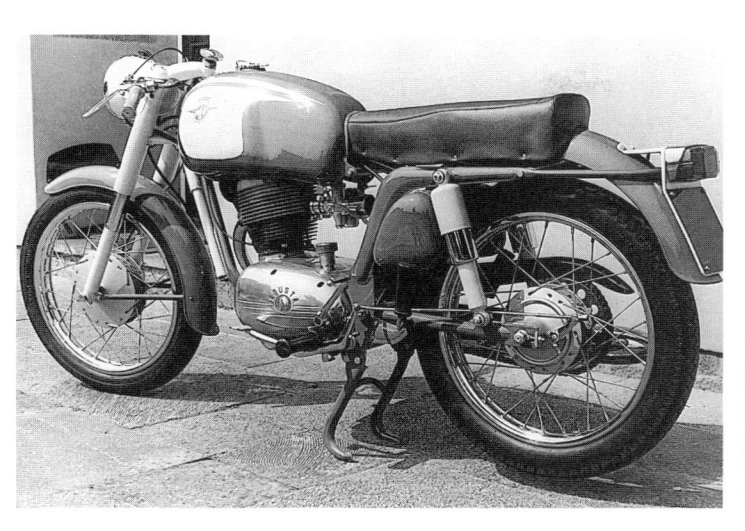

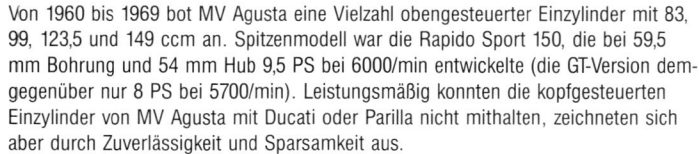

Von 1960 bis 1969 bot MV Agusta eine Vielzahl obengesteuerter Einzylinder mit 83, 99, 123,5 und 149 ccm an. Spitzenmodell war die Rapido Sport 150, die bei 59,5 mm Bohrung und 54 mm Hub 9,5 PS bei 6000/min entwickelte (die GT-Version demgegenüber nur 8 PS bei 5700/min). Leistungsmäßig konnten die kopfgesteuerten Einzylinder von MV Agusta mit Ducati oder Parilla nicht mithalten, zeichneten sich aber durch Zuverlässigkeit und Sparsamkeit aus.

Als MV Agusta auf dem Mailänder Salon 1965 den Prototyp einer Vierzylinder-Straßenmaschine zeigte, war die einhellige Meinung der Fachwelt: »Fantastisch — aber geht sie jemals in Serie?« Anders als beim 1950 gezeigten 500er Vierzylinder kam von der 600er jedoch eine — wenn auch begrenzte — Serienproduktion zustande. Allerdings war dieses Modell nicht nur als Tourenmaschine ausgelegt, sondern mit 592 ccm Hubraum (58 x 56 mm) für einen einfachen Umbau denkbar ungeeignet. Auch der Kardanantrieb stand einer einfachen Renn-Umrüstung im Wege. Bei maximal 50 PS bei 8200/min und einem Eigengewicht von 221 kg hielten sich auch die Fahrleistungen in Grenzen: Die Spitze betrug gut 168 km/h.

Zum Saisonbeginn 1967 präsentierte MV Agusta eine Zweizylinder-250er. Bohrung und Hub entsprachen dem 125er Einzylinder und ergaben genau 247 ccm Hubraum. Auch hier setzte man auf Stößelstangen anstelle obenliegender Nockenwelle. Lediglich das Fünfganggetriebe verriet modernes Gedankengut. Zwei Jahre später stellte MV diese »Straßen-Scrambler«-Version vor, die allerdings nicht ganz gelungen war. Sie verkaufte sich schlecht — vor allem, weil hier ein Tourenmodell in eine unpraktische und nicht überzeugende Maschine verwandelt worden war, die weder auf der Straße noch im Gelände annehmbare Leistungen zeigte. Man beachte das Profil des Vorderreifens und den »Steinschlagschutz« am Scheinwerfer.

MV AGUSTA

Wesentlich erfolgreicher geriet die nächste Entwicklungsstufe des MV-Agusta-Twins. Den Hubraum hatte man von 250 auf 350 ccm gebracht, indem die Bohrung auf 69 mm vergrößert wurde. Dies ergab ein überquadratisches Triebwerk mit 349 ccm Zylinderinhalt. Beide Versionen — die 350 B Sport (abgebildet) und die 350 GT — debütierten auf dem Mailänder Salon im November 1971.

Die 350 GT erhielt wie das Sport-Modell ab Oktober 1972 eine 12-Volt-Anlage und elektronische Zündung. Dieser »Rundgehäuse«-Twin gilt bei vielen als gelungenere Maschine als ihr Nachfolger, die Ipotesi mit eckigem Gehäuse, die bis zur Einstellung der Motorradproduktion Ende der siebziger Jahre im Programm blieb.

MV AGUSTA

Mit der MV Agusta 750S gelang dem Werk endlich eine echte Sportmaschine, mit der die Aura der Grand-Prix-Werksrennmaschinen wieder auflebte. Sie debütierte auf dem Mailänder Salon 1969, doch erst 1971 wurden die ersten Serienexemplare ausgeliefert. Die neue Sportmaschine wirkte wie eine Neukonstruktion, doch sie lehnte sich an die 600er an, vor allem im Motorbereich, wo nur die Bohrung auf 65 mm vergrößert, der Hub aber unverändert belassen worden war. Weitere Unterschiede im Motorinneren hielten sich in Grenzen.

MV Agusta lieferte die 750 nicht nur als Sportversion, sondern auch als Tourer. Diese GT wirkte wesentlich gefälliger als die geradezu häßliche 600er. Hier ist die spätere Version mit doppelten Scheibenbremsen vorn und Scarab-Hydraulik auf dem Amsterdamer Salon 1974 zu sehen.

Authentische Informationen
aus erster Hand:

SCHRADER-MOTOR-CHRONIK

Annähernd 50 Titel umfaßt diese beliebte Reihe, deren Hauptanliegen es ist, zeitgenössische Werbemittel in originalgetreuem Faksimiledruck wiederzugeben. Jeder Band bietet eine Fülle von Abbildungen mit Kommentaren und technischen Erläuterungen zu bestimmten Auto- und Motorrad-Modellen – eine großartige Revue von Bildern aus vergangenen Zeiten. Folgende Motorrad-Titel sind bisher erschienen:

Deutsche Seitenwagen Motorräder Best.-Nr. 22052	BMW Einzyl. R 24 bis R 27 1949-67 Best.-Nr. 22019	BMW Zweizyl. R 51/1 bis R 75/5 1950-73 Best.-Nr. 22054	DKW Motorräder 1949-58 Best.-Nr. 22047	Harley-Davidson 1918-78 Best.-Nr. 22061
Horex Regina bis Imperator 1950-56 Best.-Nr. 22012	NSU Motorräder 1949-63 Best.-Nr. 22032	Triumph (TWN) Motorräder 1903-57 Best.-Nr. 22089	Vespa Motorroller 1948-86 Best.-Nr. 22025	Zündapp Motorräder 1947-84 Best.-Nr. 22037

Schrader (S) Verlag

Irrtümlich ausgelassene Abbildung auf Seite 176

MV AGUSTA

Links: Als nächster Entwicklungsschritt der straßentauglichen MV-Vierzylinder kam die 750 America. Sie ist der Initiative zweier Amerikaner, Chris Garville und Jim Cotherman, zu verdanken, die Agusta zum Bau eines eigens auf kaufkräftige Amerikaner zugeschnittenen Superbikes überredeten. Das Werk zog mit, und viele der Maschinen wurden auch in Europa verkauft, vor allem in Deutschland, Großbritannien und Italien. Die America war übrigens keine 750er, sondern hatte 790 ccm Hubraum (67 x 56 mm). Die Höchstgeschwindigkeit wurde mit 217 km/h angegeben.

Rechts: Die erste 750er America besaß Drahtspeichenräder; ab 1977 konnte man zwischen Drahtspeichen- und Gußrädern wählen. Theoretisch konnte man zwischen lärmenden, aber verchromten Megaphon-Auspuffanlagen (Foto) oder vergleichsweise häßlichen, aber wesentlich leiseren, mattschwarzen Schalldämpfern wählen. Diese waren als einteilige Anlage auf beiden Seiten angeordnet — sie sahen nur so aus, als bestünden sie aus zwei Teilen.

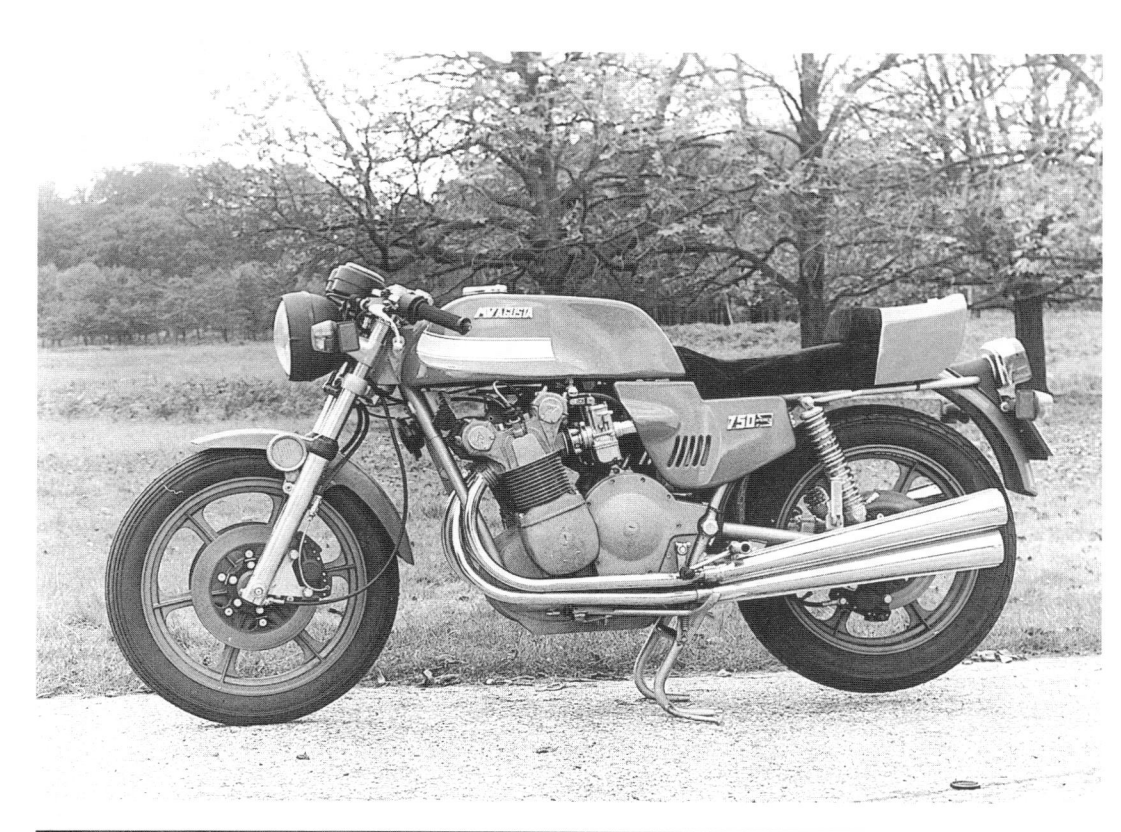

Eine America mit komplettem Werkszubehör: Dreifach-Scheibenbremsen (die Version mit Drahtspeichenrädern besaß lediglich doppelte Bremsscheiben vorn und eine Trommelbremse hinten), Vollverkleidung in den Farben des Werksrennteams sowie die legale Auspuffanlage. In Großbritannien betrug der Preis der fahrfertigen ladenneuen Maschine knapp über 4000 Pfund. Heute, rund 12 Jahre später, werden Exemplare in neuwertigem Zustand dort mit rund 25 000 Pfund gehandelt!

MV AGUSTA, PARILLA

Diese Ansicht zeigt nicht nur die verrippte Auswölbung an der Vorderseite des Kurbelgehäuses, sondern auch das Magni-Emblem auf dem Seitenblech — ein ehrfurchteinflößender Name, denn das Tuning-Zubehör, das dieser ehemalige Leiter des Werks-Rennteams für straßenzugelassene MV-Agusta-Motorräder produzierte, machte aus dem Vierzylindermotor ein Triebwerk ganz besonderer Klasse. Ein umfassendes Magni-Tuning kostete ein Heidengeld, umfaßte aber immerhin einen modifizierten Hauptrahmen, eine neue Schwinge, eine andere Auspuffanlage, Aluminium-Scheibenbremsen, Räder, intensives Motortuning und Vergaserumrüstsätze, auch den Umbau auf Kettenantrieb sowie diverse optische Zutaten.

Parilla

Diese 250 Sport von 1947 war das erste Parilla-Motorrad. Der ohc- Einzylinder setzte mit 128 km/h Spitze neue Leistungsmaßstäbe in seiner Klasse. Telegabel und Geradeweg-Hinterradfederung sorgten auch in punkto Fahrverhalten für Pluspunkte, als viele Rivalen noch mit Parallelogrammgabeln und Starrahmen auskommen mußten. Durch den Erfolg dieser Maschine etablierte sich Parilla als eine der führenden italienischen Marken der 50er Jahre. Von dieser Maschine entstand auch eine Rennversion mit zwei obenliegenden Nockenwellen.

PARILLA

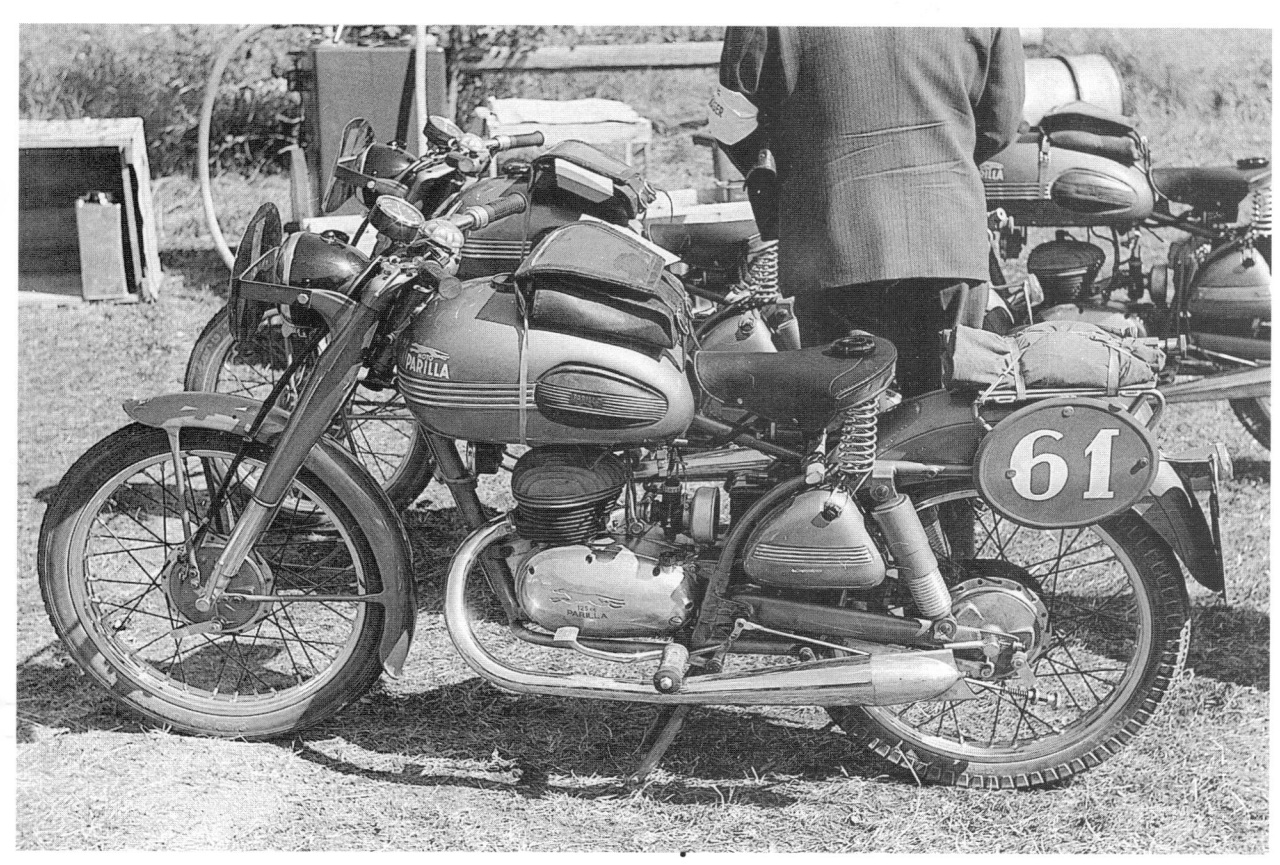

Parilla produzierte auch etliche Zweitaktmodelle. Das Foto zeigt Teammaschinen bei den Internationalen Six Days 1952, die in Österreich von Bad Aussee aus stattfanden. In diesem harten Wettbewerb mußten alle Herstellerteams Federn lassen. Für keinen der Parilla-Fahrer fiel eine Medaille ab; sowohl die bekannte englische Fahrerin Olga Kevelos als auch Werksfahrer Nino Grieco gaben am zweiten Tag des Trials auf.

Von ihrem Programm mit 98er, 125er und 150er Zweitaktern stellte Parilla auf die 125er Viertaktmodelle Lusso Veloce und Turismo (Foto) um. Diese wiesen den ohv-Motor mit stehendem Zylinder auf, der in verschiedenen Parilla-Modellen bis weit in die 60er Jahre hinein verwendet wurde. Bei mehr als zehn Jahren Bauzeit brachte er seine Entwicklungskosten also bei weitem wieder ein.

PARILLA

Auf dem Mailänder Salon im Januar 1952 zeigte Parilla den Prototyp eines 350-ccm-Twins. Damit lag Parilla zusammen mit der ähnlichen 300er Gilera im Luxus-Bereich des Marktes — nur wenige Hersteller boten damals Maschinen mit mehr als 175 ccm an. Dieser ohv-Paralleltwin verkaufte sich zwar nicht in berauschenden Stückzahlen, blieb aber bis Ende 1961 im Programm. Die Abbildung zeigt ein Modell 1959. In den USA lief Parillas 349-ccm-Twin (62 x 58 mm) als »Clipper«.

1956 ging Parilla-Konstrukteur Ing. Salmaggi an die Entwicklung einer Maschine für die italienische Formel-2-Meisterschaft. Das Ergebnis ist unten zu sehen: die 175 Competizione Bialbero. Diese Doppelnockenwellenmaschine war nicht nur für Rundstreckenrennen konzipiert, sondern auch für Milano-Taranto und den Giro d'Italia, und darf als handgefertigte Spezialmaschine gelten. Sie kam auch mit Lichtanlage auf immerhin 160 km/h und entstand nur in wenigen Exemplaren.

PARILLA

Ein Teil des Parilla-Standes auf dem Mailänder Salon 1955. Im Vordergrund eine 125-ccm-Lusso Veloce, dahinter eine 150er Zweitakt-Sport und ein 49 ccm Parillino. Hier zeigte der Mailänder Konzern sein größtes Programm aller Zeiten, das 16 verschiedene Modelle von 49 bis 349 ccm umfaßte. Technische Daten der Lusso Veloce 125: Hubraum 124 ccm (54×54 mm), Verdichtung 7:1, Vergaser Dell'Orto VA18 BS, Naßsumpfschmierung mit Zahnradpumpe, Vierganggetriebe, Ölbad-Lamellenkupplung, Benzintankinhalt 17 Liter, 19''-Reifen, Höchstgeschwindigkeit 110 km/h.

Eine der großen Überraschungen des Mailänder Salons 1957 war die Parilla Slughi (»Wüstenhund«). Diese futuristische Maschine vom Reißbrett Piero Bossaglias ähnelte dem Star des Vorjahressalons, der Aermacchi Chimera, unterschied sich in der Praxis jedoch erheblich von dieser. Die Chimera war unter ihrer Hülle relativ konventionell aufgebaut, die Slughi dagegen ganz und gar nicht. Der Rahmen bestand aus einem verschweißten Kastenprofil aus Stahlpreßteilen. Unter dem Sattel fand sich ein Fach mit einem verkleideten Benzintank im Unterteil und einem geräumigen Gepäckfach im Oberteil. Der Doppelsitz war klappbar gelagert, so daß Tank und Gepäckfach leicht zugänglich waren. Als Motoren standen ein 98-ccm-Viertakter mit hängenden Ventilen (52×46 mm) und ein 98-ccm-Zweitakter (50×50 mm) zur Wahl. Später kam ein 114-ccm-Zweitakter hinzu.

PARILLA

Die Olimpia, die eigentlich eine abgespeckte Slughi darstellte, gab ihren Einstand auf der Mailänder Motorradausstellung 1958 und ging Anfang des Folgejahres in Serie. Auch sie war mit 98-ccm-ohv-Viertakter oder 114-ccm-Zweitakter mit den gleichen Daten wie die entsprechenden Motoren der Slughi lieferbar. Das Bild zeigt die 98er Olimpia. Außer an einem anderen Vergaser und geringfügig geänderter Motorverblechung ist sie vor allem an der Auspuffanlage zu erkennen, die auf der linken Seite sitzt (beim Zweitaktmodell dagegen rechts).

Der berühmte Parilla-Motor mit hochliegender Nockenwelle. Er erwarb sich als 175er oder 250er Triebwerk vor allem dank hoher Leistung und Zuverlässigkeit großes Ansehen. Der abgebildete Motor stammt aus der 250er Wildcat Scrambler von 1963. *Cycle World* charakterisierte diese in einem Test wie folgt: »Die Parilla 250 Scrambler« ist zweifellos eine der unorthodoxesten Maschinen, die wir bisher testen durften. In dieser interessanten Konstruktion aus Italien stecken nur ungewöhnliche Details — die uns größtenteils durchaus sinnvoll erscheinen. Obendrein ist die Konstruktion nicht nur ungewöhnlich, sondern auch leistungsfähig.« Der Hubraum betrug 174 ccm (60 x 62 mm) bzw. 247 ccm (68 x 68 mm). Genaugenommen lag die Nockenwelle seitlich am Zylinderkopf. Über zwei Stirnräder (davon eines auf der Kurbelwelle) erfolgte der Antrieb mit halber Drehzahl auf eine kurze Steuerkette, die die Nockenwelle antrieb. Auf dieser Nockenwelle liefen flach profilierte Stößel mit kurzen Stößelstangen zur Betätigug der Ventile.

Wer sonst gibt Tag und Nacht medizinischen Rat?

medi-24, unsere unabhängige medizinische Beratung, hilft Ihnen, wenn Sie unerwartet ein gesundheitliches Problem haben und nicht mehr weiterwissen. Auch nachts und am Wochenende. Und für Helsana-Kundinnen und -Kunden selbstverständlich kostenlos.

Wer sonst hat so viele «gesunde Ideen»?

Mit über 1,4 Millionen Kundinnen und Kunden ist Helsana die Nummer 1 in der Schweiz. Wir versichern Menschen gegen die Folgen von Krankheit und Unfall sowie bei Mutterschaft und im Alter. Mit innovativen Angeboten zu fairen Prämien können wir Ihnen garantieren, dass wir auch morgen noch für Sie da sind. Mit vielen «gesunden Ideen».

Rumi

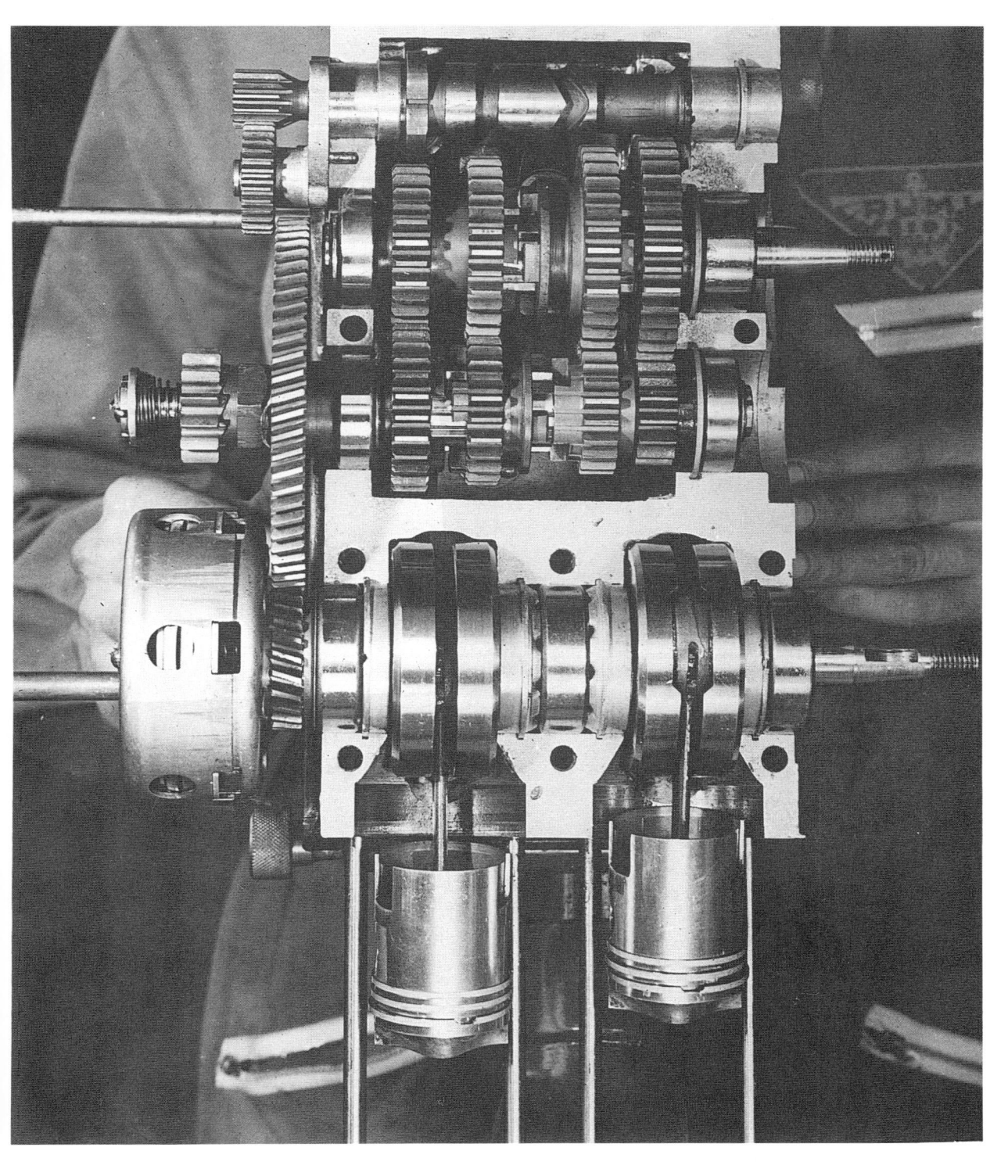

Das Kurbelgehäuse eines der 125er Zweitakttwins von Rumi. Zu sehen ist die Anordnung der Kurbelwelle und das horizontal geteilte Kurbelgehäuse (während andere Hersteller meist vertikal geteilte Gehäuse bevorzugten). Dadurch ließ sich an der Rumi wesentlich leichter arbeiten.

Der in den 20er Jahren gegründete Rumi-Konzern nahm erst nach dem Zweiten Weltkrieg den Motorradbau auf. Anfangs hatte Rumi Bauteile für Textilmaschinen produziert, im Zweiten Weltkrieg dann Einmann-U-Boote und -Torpedos. Das erste Zweirad von Rumi war ein hervorragend gebauter 125-ccm-Zweitakttwin (42×45 mm) mit um 180 Grad versetzten Hubzapfen, der ab 1949 ausgeliefert wurde. Dieser Motor tat sowohl in Motorrädern als auch in Motorrollern seinen Dienst. Auch 150- und 200-ccm-Versionen dieses Motorrades wurden produziert. Die Abbildung zeigt den Prototyp der 200er Maschine bei seinem Debüt auf dem Mailänder Salon 1953.

MOTO RUMI

The Scooter for the Connoisseur

The World's Finest Scooter

Links und gegenüberliegende Seite: Bei vielen gelten die Rumi-Motorroller als die besten Roller der 125er Klasse. Das goldweiß lackierte Modell Bol d'Or erreichte stolze 120 km/h, leistete 8,5 PS bei 7200/min und war mit zwei 18er Dell'Orto-Vergasern bestückt. Dies war die Serienversion der Maschinen, die Ende der 50er Jahre dreimal das 24-Stunden-Rennen des französischen Bol d'Or gewonnen hatten. Auch die Formicchino (»Kleine Ameise«) und die Tipo Sport besaßen den gleichen Motor und das gleiche Fahrwerk. Auffällig waren der Alugußrahmen und die Alu-Verkleidungsbleche. In Verbindung mit dem turbinenartig weich laufenden Motor und exzellenter Straßenlage eroberten sich diese Roller damit eine begeisterte Anhängerschaft.

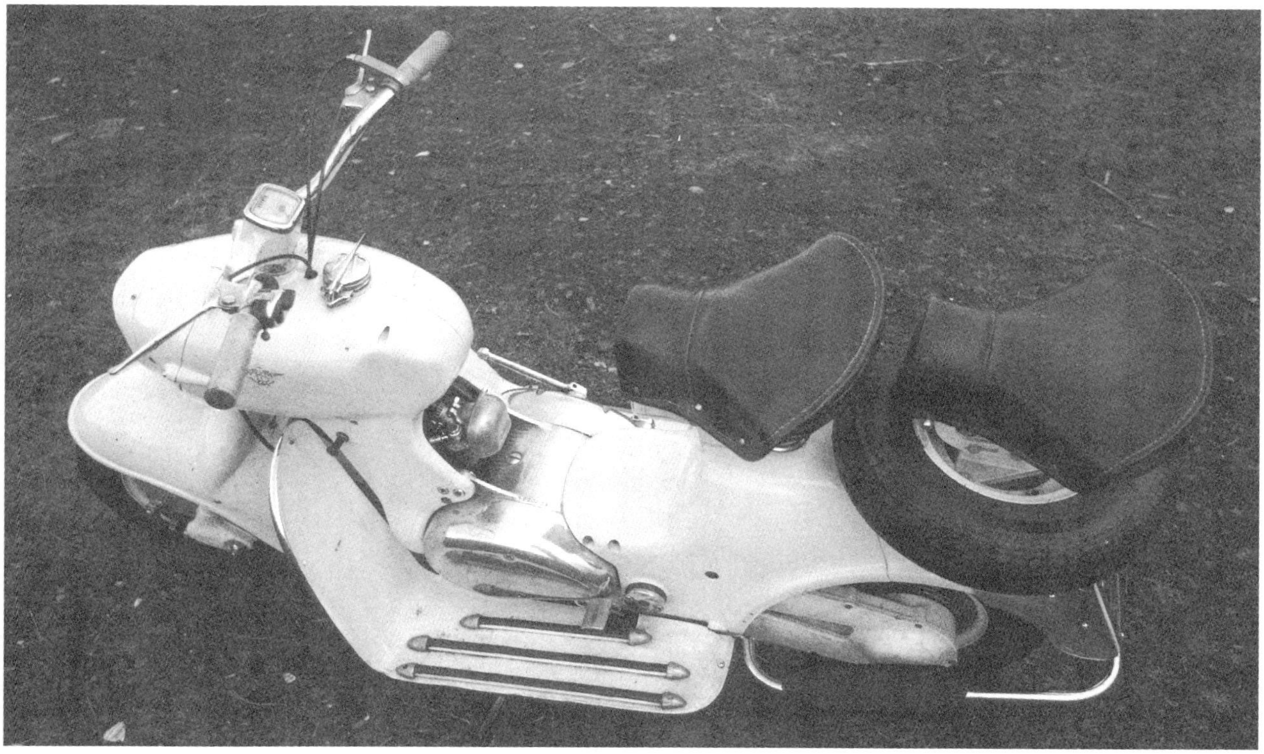

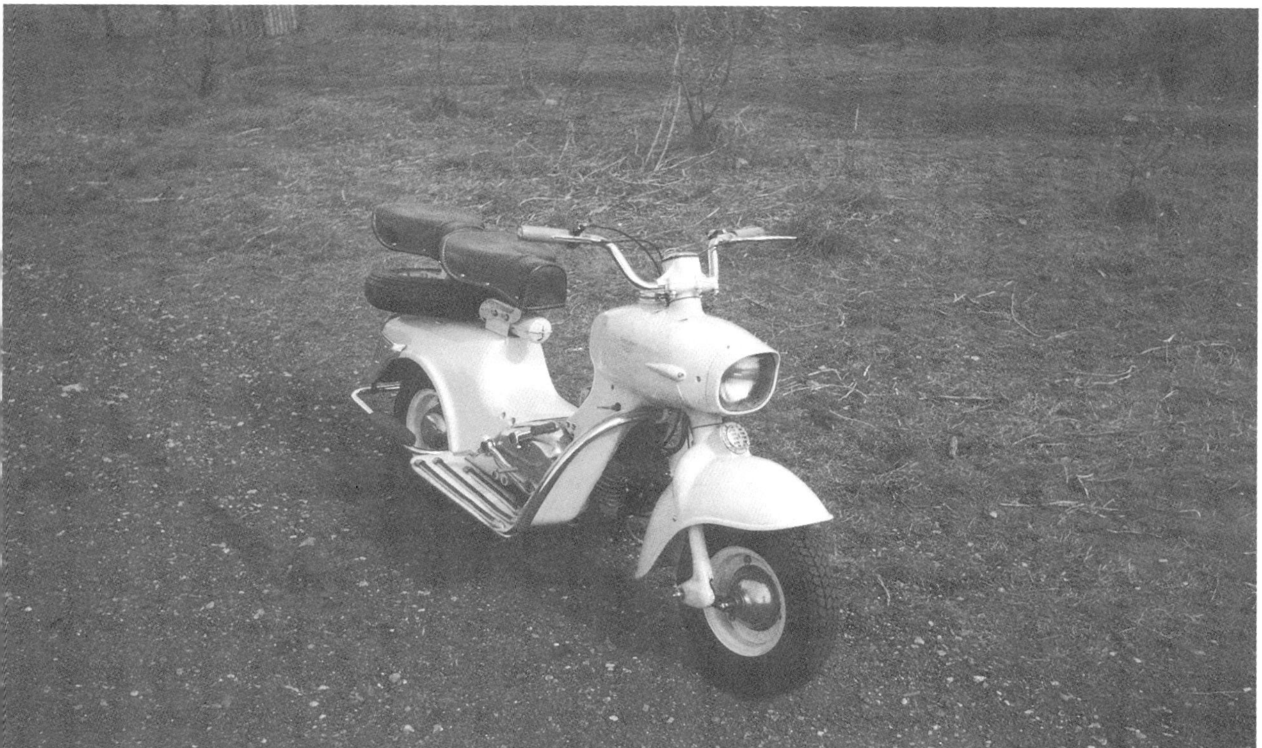

Die sportliche Rumi Junior Gentleman mit getunter und prüfstandgetesteter Version des 124-ccm-Zweizylindermotors mit liegenden Zylindern. Etliche Maschinen wurden für Rennen umgerüstet und behaupteten sich auch bei internationalen Wettbewerben hervorragend. In der Serienversion mit normalem Schalldämpfer, Lichtanlage und weiterem Zubehör lief diese Rumi bereits 130 km/h; die abgemagerte Rennmaschine mit Megaphonen kam sogar auf 160 km/h. Rumi war eines der ersten Opfer der Krise der italienischen Zweiradindustrie — im August 1962 wurde das Unternehmen liquidiert.

Sertum

Die Sertum SpA war ein alteingesessenes Mailänder Unternehmen, das anfangs Präzisionsinstrumente herstellte und 1922 den Motorradbau mit einem seitengesteuerten 174-ccm-Modell aufnahm. In den dreißiger Jahren zählte Sertum zu den renommiertesten Herstellern Italiens und produzierte eine Vielzahl von Modellen mit sv-, ohv- und ohc-Motoren. Auch im Motorsport engagierte man sich, vor allem bei den Internationalen Six Days, die eine italienische Sertum-Mannschaft erfolgreich bestritten. Nach dem zweiten Weltkrieg kam Sertum nach zunächst starkem Start aus dem Tritt, 1951 mußte die Firma schließen. Das Foto zeigt eines der letzten Modelle mit 499-ccm-ohv-Einzylindermotor von 1949.

Taurus

Die Taurus von 1956 läßt sich als solide und praktisch charakterisieren. Der 248-ccm-ohv-Einzylinder-Blockmotor bildete mit dem Viergangetriebe ein tragendes Teil der Rahmenkonstruktion. Entfernt ähnelte die Maschine der obengesteuerten MV-Agusta jener Jahre. Taurus war 1933 gegründet worden und hatte vor dem zweiten Weltkrieg Zwei- und Viertakter produziert — 1938 unter anderem einen 500er dohc-Single. Nach dem Krieg war die abgebildete 250er das größte Modell. 1966 schloß das Unternehmen seine Tore.

Testi

Ein ungewöhnliches Modell der in Bologna ansässigen Firma Testi war die Militar. Wie der Name sagt, war sie vorwiegend als Militärmaschine gedacht, ging jedoch nicht nur an die Armeen mehrerer Länder, z. B. Italiens und Finnlands, sondern Ende der siebziger auch an Zivilkunden. Ein besonderes Merkmal waren ihr doppelter Sekundärantrieb und die hinteren Kettenräder, mit denen zwischen Straßen- und Trial-Übersetzung umgeschaltet werden konnte. Das Vierganggetriebe verfügte somit über acht Übersetzungen. Der gebläsegekühlte Motor stammte von Minarelli. Zu den Extras gehörten Gewehrhalter, Spaten sowie Skikufen für Fahrten im Tiefschnee!

TESTI

Die Testi Champion, eine aufsehenerregende 50er ihrer Zeit. Sie wurde von 1975 bis 1982 mit einer Ausstattung gebaut, die eher an ein Superbike als an ein Kleinkraftrad erinnert. Der 49,5-ccm-Zweitaktmotor (38,8 x 42 mm) von Minarelli war mit Vier- oder Sechsganggetriebe lieferbar. Weitere Besonderheiten waren der radial verrippte Zylinderkopf, Doppelschleifen-Rohrrahmen mit Monoshock-Hinterradaufhängung, Gußräder, hydraulische Scheibenbremse vorne, optisch zueinander passender Tacho und elektronischer Drehzahlmesser, Stummellenker, Rennverkleidung des Lenkerbereichs, einteilige GFK-Einheit mit Tank, Sitz und Seitenblechen, Schutzbleche aus rostfreiem Stahl.

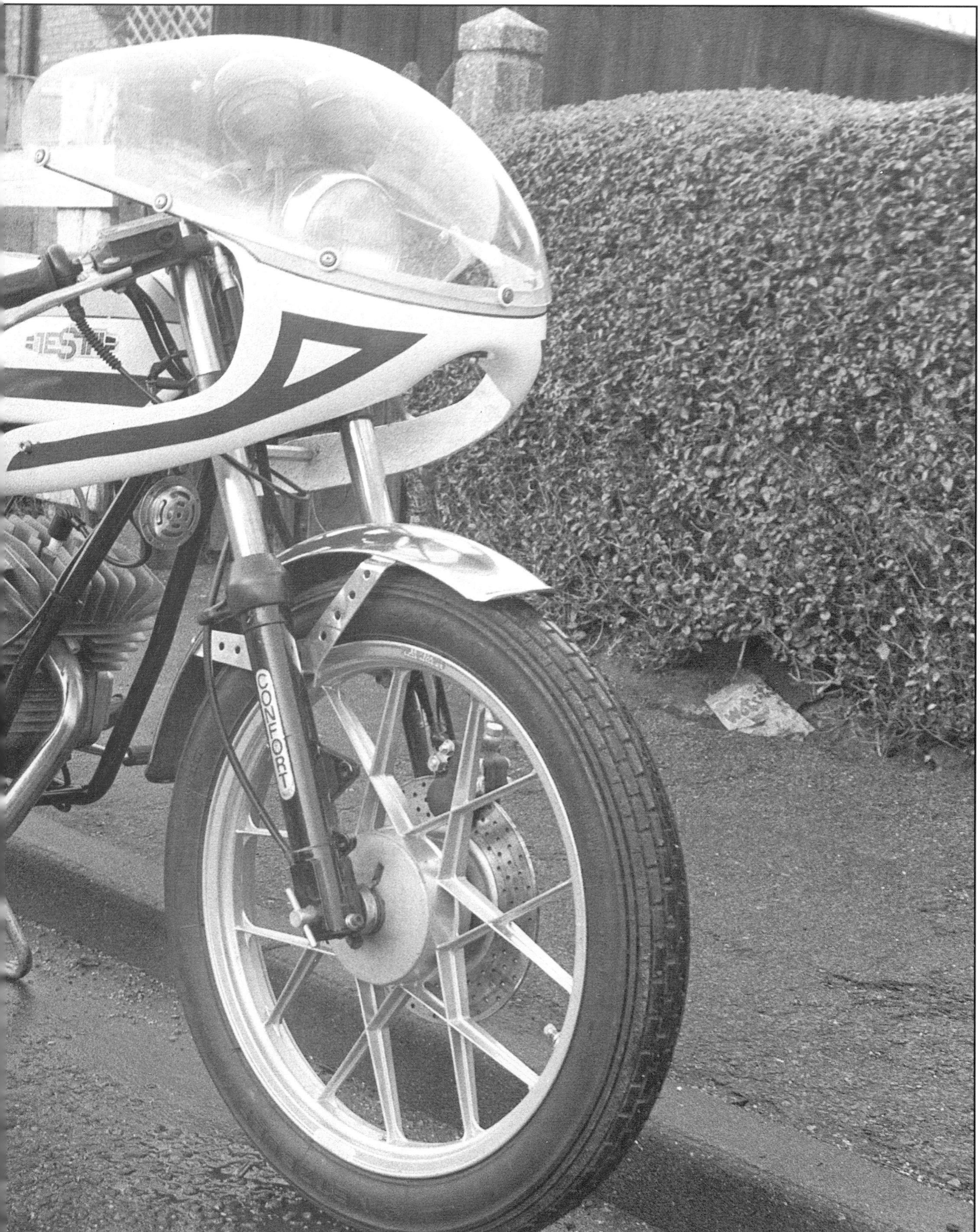
TESTI
CONFORT

TESTI
tecnica, con fantasia

SPORT

VELOMOTOR TESTI - VIA DELL'INDUSTRIA, 9 - 40068 SAN LAZZARO DI SAVENA (BOLOGNA) ITALY
Tel. (051) 455460 (2 linee r.a.) - Telex: 51678 TESTIMOT

CHAMPION SPECIAL P6 RAD.

Telaio: a doppia culla chiusa in tubo di acciaio con trave centrale di grande sezione fungente da serbatoio
Forcellone: oscillante in tubo di acciaio, forma triangolare a castello
Forcella: telescopica idraulica con testa, crociera e portaruota in lega leggera, escursione mm. 130
Sospensione post.: unico ammortizzatore idraulico centrale, con molla a passo variabile, escursione mm. 130
Ruote: ant. e post. - Grimeca, integrali 17" su cuscinetti
Freni: ant. - a disco con comando idraulico post. - Ø 118 con frenatura centrale a tamburo
Pneumatici: ant. 2½ - 17" rigato post. 2¾ - 17" scolpito
Serbatoio: capacità lt. 4,5, incorporato nel trave telaio
Parafanghi: inox
Scocca: in vetroresina antivibrante, antiacustica, antiurto
Sella: anatomica
Comandi: leva freno per pompa idraulica e leva frizione in alluminio, gas a comando rapido
Accessori speciali: contaKm Borletti
A richiesta: motore P4 Rad.
Optional: contagiri elettronico Borletti, carenatura con lunotto, motore P6 Rad. S, motore P4 Rad. S

CHAMPION SPECIAL P6 RAD.

Frame: closed double cradle in steel tube with large central girder section acting as tank
Swinging arm: tubular double triangle, oscillating
Fork: telescopic-hydraulic, upper and lower bridge and fork leg in light-alloy. Excursion mm. 130
Rear suspension: unique hydraulic central shock-absorber, with variable threads spring, excursion mm. 130
Wheels: front and rear - Grimeca, integral 17" on bearing
Brake: front - disc brake with hydraulic control
rear - Ø 118 drum central braking
Tires: front 2½ - 17" striped
rear 2¾ - 17" carved
Full tank: lt. 4,5, incorporated in frame girder
Mudguards: stainless steel
Body: non vibrating, shock-resistant, sound-proof, fiber-glass
Seat: anatomic
Controls: brake lever for hydraulic pompe, aluminium clutch lever, gas rapid opening
Special accesories: speedometer Borletti
By request: engine P4 Rad.
Optional: revolution counter Borletti, fairing with screen, P6 Rad. S engine, P4 Rad. S engine

MOTORE P6 RADIALE

Motore: Minarelli monocilindrico a 2 tempi
Tipo: P6 R
Alesaggio: mm. 38,8
Corsa: mm. 42
Cilindrata totale: 49,6 cc
Rapporto di compressione: 1:10,5
Accensione: volano magnete alternatore 18W - 6V
Alimentazione: miscela 5%
Candela: Bosch W 175 T2
Cambio di velocità: 6 marce comandato a piede, lato sinistro
Cilindro: «Radiale» in lega leggera
Pistone: in lega leggera con 2 anelli di tenuta
Testa motore: «Radiale» in lega leggera

ENGINE P6 RADIAL

Engine: Minarelli single cylinder 2 stroke engine
Type: P6 R
Bore: 38.8 mm
Stroke: 42 mm
Total capacity: 49.6 cc
Compression ratio: 1:10.5
Ignition system: alternator flywheel magneto 6V - 18W
Fuel: petroil 50/1 ratio
Spark plug: Bosch W 175 T2
Gear: 6 gears foot-change, left side
Cylinder: «Radial» in light-alloy
Piston: in light-alloy, with 2 piston rings
Engine head: «Radial» in light-alloy

CHAMPION SPECIAL P6 RAD.

Links: Testi-Inserat von 1983. Oben: Titelseite des Programms für den letzten Giro d'Italia vom 6. bis 14. April 1957.